紙碑——本の周辺

［坂本篤］艶本狂詩曲《ラプソディー》

備仲臣道 著

皓星社

はじめに

まず猥褻ということについて考えてみる。広辞苑には、男女の性に関する事柄を健全な社会風俗に反する態度・方法で取り扱うこと。性的にいやらしく、みだらなこと――が猥褻の意味であると書かれている。健全な社会風俗に反する、という点が問題なのだろうけれど、それがすなわち、いやらしい、みだらなことだというのは、いささか曖昧であるという気がする。

刑法においても、猥褻の定義は寝ぼけており、いたずらに性欲を刺激・興奮させる、普通人の正常な性的羞恥心を害する、善良な性的道義心に反する、の三点としている。

結婚するということは、一対の男女の継続的な性的結合を基礎とした、社会的経済的な関係であるという。そうであるからには、性愛というものはその中軸にある。

つまりは、誰でもしていることであって、そこからはみ出して健全な社会風俗に反してはならない、いわゆる公序良俗を踏み外してはならないというのであろう。しかし、どうも、こうして見てきた猥褻の定義には、性愛というものが、いやらしい、みだらなものであると決めつけているかのような、底意地の悪い毒針が伏せられているように思われるのである。

今日、一夫一婦制が世界中ほとんどの国で行われていることだろうけれど、一夫一婦制、すなわち単婚であるが、「単婚は、けっして個人的性愛の果実ではなく、それとは絶対に無関係であった」とエンゲルスは書いている。それによれば、家庭内での夫の支配と、彼の子であることに疑いがなくて、彼の富の相続者に定められている子を生ませることが、一夫一婦制の目的であった。（エンゲルス『家族・私有財産・国家の起源』）

つまり、男の優位と私有財産制の上に、夫婦というものの「健全な」姿があるということになる。

このように、一夫一婦制が歴史に登場するのは、けっして男女の和合としてではなく、いわんやその和合の最高形態としてではない。その反対である。それが登場するのは、一方の性による他方の性の圧制としてであり、それまで先史の全期をつうじて知られることのなかった両性の抗争の宣言としてである。

（前記同書）

これが一夫一婦制についての公序良俗というものの姿でなくて、なんであろうか。それでは、どうすることによって、婚姻の完全な自由はもたらされるのか。資本主義的生産とその所有関係とが除去されれば、配偶者の選択にきわめて強い影響をおよぼしている経済的配慮もとり除かれるのだから達成できる——とエンゲルスは言う。「そのときには、相互の愛情以外に、もはやどんな動機も残らないのである」と。

ここで彼が想定しているのは、「その生涯をつうじて、貨幣やその他の社会的権勢の手段で女性の肉体提供を買い取る状況に一度も遭遇したことのない男性たちと、真の愛情以外になんらかの配慮から男性に身をまかせたり、経済的な結果を恐れて恋人に身をまかせるのをこばんだりする状況に一度も遭遇したことのない女性たちとの、世代による」社会でのことである。

そうなったのちの社会が、旧ソ連や東欧諸国、中国のようではない、ということは、言うまでもないことである。もちろんのことであるが、こうした見たこともない体制というものは、エンゲルスには想像もできないことであっただろう。

こうして見てくると、国家権力が、こめかみに力を入れて「猥褻」な文書図画や行為を弾圧するのは、なぜかということが判ってくる。性愛についての「公序良俗」がくずれることは、男の優位と私有財産制、ひいては資本主義体制をも根底から揺るがしかねないことに、国家権力は気づいていて、悲鳴を上げる代わりに民衆を押さえつけているのである。

下世話な言いかたをするならば、今日はありふれたものである女性のヌード写真の、いわゆるアンダー・ヘアというものは、一昔前には警察や検察の禁忌に触れる、けしからんものだったのである。それから今日までの時間の経過の中で、ずい分の変化、つまり「開けた」状況になったのである。だから、さらに資本主義体制は変わらないままであっても、男女間の性愛が全く自由になる、つまり、男女間の性に関する考えが大らかになって、もっと言えば「乱れた」形を、国家権力が想像してみるのは、怖気を振るうほどのものであろうと思う。そこでは、生まれてくる子が誰の子であるかということは、女性をたどるほかにはなく、この子は私の子であるということは、女性にしか言えないことになる、のかもしれない。そうして、原始共産制社会のような男女関係になるかどうか、それは判らない。判らないけれど、そうならないまでもその過程において、男の優位というものは、どこかへ消し飛んでしまうのである。

さて、本編の主人公である有光書房の坂本篤が、一筋にとは言えないまでも、ワ印と呼ばれる艶本を出版し続けて五十年、発禁、未決監、罰金を繰り返しながら、なぜ弾圧されるのかを考えなかったということはないはずである。国家権力に逆らってきたのは、ここに書いてきたようなことまで理解していたからかどうか、それは判らない。女傑であった曾祖母を尊敬してはいながらも、女性の地位の向上、あるいは、男の優位というものの廃絶、ひいては資本主義的生産とその所有関係の除去ということまで、彼の図面にあったとは思えない。

吉原からはじまって祇園や神楽坂、葭町と、花街にはずい分と馴染んでいた篤のことだから、はじめはただの好色趣味であったかもしれない。けれども、江戸軟文学や浮世絵に眼を開かれ、それを学問として研究する人々に接して、次第に姿勢を正し、決定的には「国貞裁判」によって、彼の思想は鍛えられていったに違いない。こうして、国家権力こそが彼を鍛え上げたとき、篤は表現の自由を盾に、反逆の鉾先を国家権力に向けたのであった。しかし、裁判には敗北したし、いまの国家権力による支配、ひいては資本制社会が続く限りは、何百人もの篤が敗れ続けるとしか考えられず、どこか空しさと哀しさが色濃く漂う、篤の人生ではあった。

目次

四

五

一

誇り

幕末に近いころのこと、内藤伝右衛門の「藤伝」と言えば、甲州（山梨県）では知らない者がないほどの版元兼書店であった。店は甲府城八日町御門に近い八日町二丁目（現・甲府市中央四丁目）にあって、絵草紙、古本のほかに太物、古着、古道具類を扱っていた。

八日町は甲府城の東南に位置し、碁盤の目状に仕切られた、下府中と呼ばれる人口の集中した街並みにある。甲州街道が東西に走る大きな通りの南に当たり、高札場があって、呉服屋、煙草問屋、水菓子問屋や薬種商などが軒を競っていた。道に沿って店舗兼住居のある敷地は、縦長で裏はほとんどが空き地や庭になっていた。

東には魚介類や乾物を商う魚町通りが南北に伸び、隣りの柳町は宿場町で本陣、脇本陣に継立問屋や旅籠もあり、南の緑町は芝居小屋や夜には紅い火の灯る料理屋でにぎわっていた。すなわち、「藤伝」は甲州一の繁華な町に店を張っていたのである。

当主は長いこと病床にあったため、店には姿を見せることなく、すべては妻の満寿が仕切って抜かるところがなかった。この女性は国学に造詣が深く著書もあり、「起きて思ひ臥してはわぶる世の中になどますらをと生まれざりけり」と、どうして男に生まれなかったかという意味の和歌を詠んだほどで、一己の傑物であった。

その辺のところが、満寿の曽孫に当たる坂本篤が竹中労に語った「口伝・艶本紳士録」にはつぎのように記されている。

坂本　さっきいった曾祖母満寿はなかなかの国学者で、もう小中村清矩なんかと『日本史略』なんて本を書いてる。いろんな本があるんですけど、ぼくが感心するのは、伝右衛門が、こういう本を全部出版している。だいたい、この人は、明治二十年に「をとめ新聞」というものを発行しましてね。

竹中　ウーマン・リブの元祖ですよね。

坂本　それと、もう一つは甲府に「女紅場《じょこうば》」という芸者と娼妓の女学塾を作った。それの教頭が『花埋み』（渡辺淳一著）の主人公になっている日本最初の女医荻野吟子です。

しかし、この夫婦の間に子がなかったため、山梨郡八幡北村（現・山梨市北）の農家・手塚伊左衛門から、生まれたばかりの男の子猪之甫を養子に迎えた。八幡北村は笛吹川右岸から北へ登る谷の左右に散在する集落で、わずかな畑地と養蚕に頼る寒村と言ってよかった。この猪之甫が、一八六〇（万延元）年に初代病没のあと、十六歳で家督を相続し、のちに「藤伝」をして歴史に名を残さしめた二代目伝右衛門となるのである。

猪之甫は伝右衛門襲名と同時に、それまで通っていた向山伊之助の漢学塾をやめ、養母に眼を開かれた国学に没頭するようになり、変わろうとしている治世をいち早く見て取ると神道に転向した。新しいもの好きという以上に、時代の流れを読み、乗り遅れまいとしたのは、軸足を常に権力の側に置いていたいからにほかならない。

伝右衛門二十八歳の一八七二（明治五）年、時の県令土肥実匡から「藤伝」への官命があって「峡中新聞《こうちゅう》」が創刊された。峡中と書いて「こうちゅう」と読むほかに「きょうちゅう」とも読むが、これは甲州全体を指しての呼称である。荻生徂徠が甲州を視察した折り、甲斐の名は「峡《かい》」に由来することから、紀行文を『峡中紀行』と題したのがはじまりという。

「峡中新聞」は半紙二つ折り八枚つづりが三銭で発売されたが、翌年には着任したばかりの権令藤村紫朗から経営権を譲り受けた。そうして、伝右衛門は、この新聞を「甲府新聞」と改題したのち、新聞事業を主幹で高知出身の右派の論客野口英《えい》夫《ふ》に譲ることになる。出版に専念したかったようであるが、結果からみれば先見の明がなかったと言うべきかもしれない。これがいまある山梨日日新聞に発展するのだからである。

野口は「甲府新聞」を「甲府日日新聞」と改めたが、山梨保守党に属して県庁派であったため、山梨の言論を二分していた、民権派の「峡中新報」から御用新聞と批判された。やがて、「山梨日日新聞」となった同紙は、何度かの筆禍事件もありながら、支持者に支えられて発展を続け、太平洋戦争中も、県内五紙を統合しての一県一紙となり、終始一貫して権力の側についていた。ちなみに、現社長は英夫の曽孫である英一が務める。

今日、「藤伝」の跡地である甲府市中央四丁目の駐車場の道沿いに、山梨日日新聞が建てた一メートル余りの石碑があって、「新聞発祥の地」とある。この地が山梨日日新聞の前身の本拠地というのではなく、「新聞発祥の地」とあるのはなぜか。ここで世界初の新聞が発行されたというのではなく、日本で最初の新聞の発行地でもないのは、周知のことであるが、このように石に刻んだのは、「藤伝」から経営権を譲り受けて以来、山梨において数々の対抗紙をねじ伏せ、ついに一九六九年以降、一県一紙となって市場を独占し、「山日王国」を築いた、勝ち残った者のほてりが刻ませた文字だったのである。

さて、伝右衛門は一八七五（明治八）年に、八日町から北西に当たる常磐町に木造二階建て洋風建築の社屋を建て、二階に養母満寿の女学塾を置き、一階を新聞社兼書店とした。すでに二年前に導入していた活版印刷機は別棟の工場に据えたが、伝右衛門はこれを使って山梨県師範学校や小学校向けの教科書を出版して県内外に送り出し、一八七八（明治十一）年には女性向けに「をとめ新聞」を創刊した。さらに、出版部門に温故堂書店を設けて、『甲斐国志』『和漢三才図絵』など数百巻の書物を世に出した。

女紅場にしても、「をとめ新聞」であっても、男に生まれなかったことを悔やむ、才色兼備な養母満寿の、強烈な意思が伝右衛門に働きかけたものであった。そこには自身の暗い過去を、そのままにはしておかない、きっと眉上げた強い女の姿を見て取ることができる。

宿場町である柳町の隣りに上下二つの連雀町があり、柳町に次いで旅籠が多い。満寿はその連雀町の商家坂本茂介の長女であったが、幼いころから向学心が強く、長じてからは堀秀成の講義を聞き、小中村清矩の著書から国学を学んだ。望まれて武家の養女になったが、養父が奸計にはまって二進も三進もいかないところに追い込まれたとき、満寿はおのが身を紅灯の巷に沈めて金を作り、養家を救った。

やがてそれが生家の知るところとなり、実の父母によって救い出されて生家にもどったが、花柳界というところは、男の身勝手や浅ましさがむき出しで転がっており、女性差別の最たるところである。短い間ではあってもそれを目の当たりにした満寿は、「見るべきほどのもの」を見たのであったろう。そうして、男に生まれなかったことに地団駄を踏むような悔しさをおぼえたに違いない。女性差別の原因が、女性の無教養にあるのではない、それは百も承知だっただろうが、満寿がはじめた女紅場は、娼妓たちが社会復帰するために読書や裁縫を教えるものであったし、甲府監獄へ出かけては女囚たちに講話をし、出獄後の面倒もよく見たと言われている。

満寿は、そうした自分の理想を伝右衛門に託し、そのためには金銭を惜しまなかった。

「東京、大阪及び近傍県下へ輸出する書一日五、六駄を下らず」と、「甲府新聞」に書かれた、一八七四（明治七）年から一八八二（明治十五）年のころが「藤伝」の全盛期で、まさに日の出の勢いであった。しかし、岐阜にいた新井白石の遺族から版権を譲り受けて『読史余論』という本を刊行し、これが師範学校をはじめ全国の学校で使われるようになって、一世を風靡したのは良かったが、あとから同じものを文部省が出したため、国を相手取って版権侵害の訴訟を起こした。一審に勝って二審では十万円の損害賠償を五万にしろと言われたけれど、お上が不当なことをしているのになんだと蹴って、今日で言えば最高裁に当たる大審院まで持っていった。この裁判に、あれは宮中にある紅葉文庫の白石の原稿から採った、だから版権侵害ではないという、国の不当な主張が通って逆転敗訴した。この辺りから、さすがの「藤伝」にも陰りが差しはじめたようである。

もともと、強引と言っていいような放漫経営であったから、一気に弊害が噴き出したのでもあっただろう。長男の実太郎に伝右衛門を襲名させて身代を譲り、自身は恒右衛門と名乗った一八八三（明治十六）年、上京して出版業を営むことになった。一八九五（明治二十八）年に出た巌谷一六著『教育勅語帖』や『日本史略』正続八巻の出版者として内藤恒右衛門の名が見える。住所が神田区豊島町一五（現・東神田二丁目）となっており、のちに、こうしたところへ謹四郎や篤が入ってゆく素地が、できていたのであろうと思われる。

ところで、二代目伝右衛門は、その妻を満寿の実家である、連雀町の商家坂本家から迎えていたが、一人娘であったから複数の男子が生まれたときには、一人を坂本家の後継とする計画であった。このため、坂本家へは三男を養子に入れたのに、十歳にもならないうちに夭折し、四男の謹四郎があとへ入って坂本家を継いだ。謹四郎は実太郎を手伝って出版業にいそしんでいたようで、『山梨県師範学校唱歌集』『唱歌遊戯書』や雨宮敬次郎著『財源開発談話筆記』などに名を残している。

一九〇一（明治三十四）年九月六日、この謹四郎の子に生まれたのが、のちの有光書房の主となる篤であった。篤は終生、こうした自身の出自を誇りとしながら、特異な書物の刊行に骨身を削った。もっとも、篤は「藤伝」を誇りとしながらも、山梨県人と思われるのを嫌っていた節がある。けちと思われるのを避けたかったというのであるが、のちに見るとおり、金銭について、みみっちいところがなかったとは言えないのである。

そのころ、東京や他県の人々の目に、山梨はどう映っていたのであろうか。そこのところに、篤が山梨出身を隠した本当の理由がありはしないかと思われるのである。

この年、山梨県中学校（のちの旧制甲府中学、新制甲府第一高校）は、山梨県第一中学校と改称されたが、三月には大島正健が第七代校長として就任している。大島は札幌農学校でクラーク博士に教えを受けた人で、のちに名校長と言われるようになるのであるが、中央線が甲府まで開通するのは翌々年の六月だったから、前任地の奈良から御殿場まで東海道線に乗り、そこから籠坂峠、山中湖、河口湖を経て御坂峠越しの道を、徒歩で甲府へ入ったという。彼を待っていたのは鹿児島、宮崎と並んで天下の難物中学と言われていた学校であった。果たして、新校長として壇上に上がった大島は、五百人の生徒が一斉に床を踏み鳴らすという大騒ぎに迎えられた。大島は、三難校の一つとはこれかと思ったけれど、機を見て、「静かにしろ！この山猿ども！」と一喝したため、講堂は水を打ったように静かになったという。

（『甲府中学・甲府一高百年誌』同窓会発行）

この学校は山梨県下のあちこちから、秀才が集まっていたはずの学校であるが、その中学においてこれである。まさにこの「山猿」こそが、東京や他県の人々が抱いていた山梨県人の姿だったと言っていい。

篤の気風を知る人の多くは、江戸っ子と思い込んでいたようであったが、それは彼が装っていたからに過ぎないのであって、時にはぼろが出たようである。粋な唐桟の着流しに角帯なんぞを締めて、ぞろっとした格好で人を訪ねたこともあれば、江戸っ子が一度出したものを引っ込めるか、と啖呵を切ったことさえある。

この年は、のちの昭和天皇裕仁が生まれたり、第一次桂内閣が成立した年であったが、日本最初の社会主義政党である社会民主党が、五月に結成されている。安倍磯雄、片山潜、幸徳秋水、木下尚江ら社会主義協会に結集していた人々によるもので、軍備全廃、労働者の団結の自由などの政策を掲げたが、即日禁止の憂き目を見た。

ところで、篤の母が懐妊の折りに、ギリシャ神のエロースが夢に現れて、そちに子を授ける——と言ったかどうか、そんなことは誰も知らない。

紅い花

篤が生まれてのち、裕福な環境にはあっただろうけれど、どのように育ったかを語る資料が手の内にない。少なくとも大正のはじめには山梨を出て上京していたが、まだ小学校を出たばかりの十代の前半のことだから、むろん父の謹四郎に伴われてのことであった。

一九一四（大正三）年九月十日に馬場孤蝶の『近世文芸の解剖』という著書が、本郷区本富士町二（現・文京区本郷七丁目）の石川文栄堂から刊行されており、その印刷者として坂本謹四郎の名が見えることから、これを遡る何年か前から謹四郎が東京で印刷業を営んでいたと知ることができる。だから、篤の書いたものに、騒音が原因で神田区黒門町一四（現・千代田区鍛治町二丁目七、一〇、一一辺）、日本橋区西河岸町一五（現・中央区八重洲一丁目、日本橋一丁目辺）、京橋区松屋町二―一（現・中央区八丁堀一丁目から三丁目辺）を転々として印刷業をやっていたとあるのは、謹四郎のことである。一九一五（大正四）年に京橋区南槇町一八（現・中央区八重洲一丁目、日本橋三丁目辺）の大倉廣文堂が発行した、中村進午『蛙のはらわた』には、奥付に謹四郎の名前があり、西河岸町一五博新社印刷所と出ている。

さて、一九一四（大正三）年七月十八日には、世界の強国すべてが参加した、初の世界戦争である第一次世界大戦がはじまっている。世界的な植民地獲得に走るイギリスに対して、ドイツが中心的に挑戦した戦争で、六月にオーストリア皇太子がセルビア人に殺された事件がきっかけであった。日本は八月になって中国における利権拡大を目論見、日英同盟を根拠として英仏側に参戦した。結局ドイツが敗北し、日本は中国山東省のドイツ利権を引き継ぎ、南洋諸島を委任統治領とした。

そうこうするうちに、謹四郎が病にかかって入院することになった。もともと商売上手でなかったことではあり、やがて印刷業は頓挫して、篤は京橋区南槙町一八の大倉廣文堂という出版社に預けられることになる。いとこの嫁ぎ先であったのだが、篤は小僧として出版の一から勉強することになった。そのころの小僧というのは、どこでも本名などにお構いもなく、縁起のいい呼びやすい名前を付けていたから、主の大倉廣三郎は篤に福太郎、福どんという名前を付けて呼ぶことにした。

出版について取次、小売りなどに至るまで実地に学ぶとは言っても、親切に手取り足取りして教えてくれるというのとは違って、そのころはなんでもそうであっただろうけれど、日々の活動の中で見よう見まねに、雑な言葉で言うならば、先輩のすることから盗まねばならなかったのである。

新刊を市中の書店へ配るときは、同僚の二宮民吉と二人で、本を入れた箱車を引いて歩いた。日本橋、神田、小石川、麻布、牛込の辺りが受け持ちだったが、会社へ帰る途中、九段下の堀端で、ばあさんが売る一つ二銭の大福餅を食ったり、かけそば一杯が二銭であったが、二人合わせて三銭しかない日には、わざわざ浅草まで足を延ばして、一杯一銭五厘のを食いにいった。

こうして何年かたったころ、上野動物園近くの清水町にあった上田萬年博士のお宅を訪問したことがあった。はじめての訪問だったのにすぐに書斎へ通されたのは、冨山房の坂本福太郎と間違われてのこととすぐに判ったが、祖父の伝右衛門が『読史余論』で文部省を相手取って訴訟を起こしたとき、上田博士は文部省の専門学務局長であった。

「先生、憶えておいででしょうが、山梨の藤伝のこと。実は私は伝右衛門の孫に当たります」

篤が自己紹介すると、一瞬、上田博士の表情が動いた。

「そうだったのか、あのときは、お前のおじいの頑固には手を焼いたぞ」

にわかにくつろいだ調子になり、とんだところで「藤伝」が役立ったこともあった。

そのころ、印刷工場で職工に交じって自分で活字を拾い、職工のやり方を見ながら版を組み、自分の俳句集を作ったことがあった。これが篤の処女出版で、どうだい――という気分だったと後年になって回想している。

仕事になれてくると地方へ出張するということもあるようになり、それに馴染んできたころ、彼の頭の中にひらめいたことがあった。東京で催される古本市などで買ったワ印の本を、地方へいって古書店に売ると、小遣い銭どころか大層な額の金を手に入れることができるということがそれであった。そこのところを、篤はつぎのように語っている。

まあ、そういうのを春と秋の古本の市で一円五十銭くらいで買って、五円ぐらいで売りとばす。それ、地方の本屋が買うんですよ。地方へ行くときにトランクの中へ入れておくんです。十冊も持っていけば、もうたいへんですね。番頭さんが十五円ぐらいの月給のときに、若い小僧が二十五円ぐらいもうけるのわけないわ（笑い）。女郎買いだってできますよ。ぼくが聞いた話だと、九州の本屋が福岡の炭鉱あたりに十二円で売ったということもある。（「口伝・艶本紳士録」）

また、汽車の中で本に夢中になっていると、前の席の女性に、面白そうね、私にも見せて――と言われたりして、本を中にして話題が広がっていくから、車中で退屈するということもないのである。

そんなある日、東京の古本市で買った一冊の本で、大げさに言えば篤の未来が方向づけされるようなものに出会うのである。いや、それはむしろ運命的と言ってもいいほどのものであったが、その書名を『末摘花』と言った。

『末摘花』と言えば、教養がおありの向きは、すぐに『源氏物語』の第六帖を思い出されるに違いない。父親を早くに亡くして困窮していた常陸宮という皇族の一人娘が、これが誠に不細工な顔で鼻が垂れていて赤かったから、末摘花の君と光源氏が名づけたというのは、人の悪いユーモアである。紅花は茎の末のほうから摘んで「紅《べに》」の材料にすることから末摘花とも呼んだのだが、鼻が赤い――花が赤いと連想して、末摘花の君と言ったのである。しかし、不細工な女性ながら、なぜか光源氏の気を引くところがあり、生涯にわたって関わりを続ける女性となったのが『源氏物語』の末摘花であるが、篤が手にした『末摘花』は、前の席の女性に言われても、ちょっとお見せすることのできない種類のものであった。

くだんの本は正確には『誹風末摘花』と言って、古川柳を集めた『誹風柳多留』『川柳評万句合』から、破礼句《ばれく》と言われる恋の部、すなわち、判りやすく平たい言い方をすれば、性的な川柳ばかりを選んで一本にしたものであった。はじめのほうから三句ばかり抜き書きすると、つぎのようである。

蛤は初手赤貝は夜中なり
若旦那夜ハおがんで昼しかり

ぜんたいが過ると咄す薬とり

そうして、その数たるや実に大部なものであって、一丁当たり十八句を載せて、初篇だけでも三十五丁からあり、それが四篇まである。これを見ると、江戸庶民の性についての、大らかで開けっぴろげな姿を見ることができるだろうけれど、「本書を単なるエロティックな面白い本として読過するのではなく、それを正確に解釈してその詩的興趣を一そう深めると共に、学問の対象として取り上げる」（岡田甫編『定本誹風末摘花』有光書房）という視点が肝心なのであろうと思われる。

それはともかく、『誹風末摘花』に出会ったことによって、篤は江戸軟文学と言われる、恋愛や情事などをテーマにした、浮世草子、洒落本、人情本の世界に目を開かれたのである。

それは篤の胸の中に一つの紅い花が開いた、まさにその瞬間であった。

のちの篤に見るような、浮世絵や江戸軟文学に関する該博な知識は、こうした実生活や読書によって、あるいは、浮世絵の優品を目の当たりにすることによって、はじめて身についたのに違いないだろう。

さて、篤が関心を示さなかったことではあるが、一九一七（大正六）年には世界史に新しいページが開かれようとしていた。日露戦争下の一九〇五（明治三十八）年、ロシアで第一次革命が勃発して、帝政ロシアはこれを終息させてのちも反動政治を続行、第一次世界大戦に突入していたが、それらからくるロシア社会の矛盾は激化して、民衆の多くは貧苦にあえいでいた。一九一七（大正六）年三月の首都ペトログラードでの「パンよこせ」デモで、民衆が官憲と衝突し、兵士の反乱がこれに合流すると、労働者・農民・兵士はソビエト（評議会）に結集した。トロツキーに次いでレーニンが亡命先から帰国してソビエトを指導し、十一月には武装蜂起して政権を樹立すると、「社会主義的秩序の建設に向かって進むであろう」とレーニンが宣言した。

世界初のプロレタリア革命の勝利は、各国の反体制運動を勇気づけ、朝鮮の三一独立運動、中国の五四運動、日本の米騒動などに波及した。

大地震

　一九二三（大正十二）年九月一日午前十一時五十八分、関東全域、静岡、山梨を強烈な地震が襲った。全壊十二万戸、全焼四十五万戸、死者行方不明十四万人を数えた関東大震災である。ちょうど各家庭では昼餉の準備中で火を焚いていたから、たちまち多くの家から出火して収拾のつかない事態となり、被害を大きくした。

　このとき、こともあろうに警察を通じて、朝鮮人や社会主義者が騒擾を起こすというデマが流された。このため、恐怖した東京市民は逆上して狂暴になり、日本刀やピストル、鳶口で武装して、あちこちに検問所を設け、朝鮮人と断定した、なんの罪もない人をなぶり殺しに殺した。朝鮮人や社会主義者が大量に逮捕され、憲兵によるアナーキストの巨魁・大杉栄、伊藤野枝と橘少年が虐殺されたほか、亀戸においても社会主義的労働組合の活動家が殺された。

篤も会社と住まいを焼け出されてしまったが、この日は小西重直博士の『教育思想の研究』が入稿する予定であった。小西博士は京都に住んでいたが、鎌倉の別荘で執筆して東京まで届けてくれる約束だったのに、この地震ではお見えにならない。こちらから伺うことにしたけれど、銀行は震災後の政府の措置によって一銭の金も払い出さない。地方の取引先から集金することにして、東京を出たのが五日のことであった。九日に京都について小西宅へゆくと、鎌倉にいるとばかり思った博士が玄関に出てきたのは、原稿を持って大船までいったところで気が変わり、京都へもどっていたのだという。受け取った原稿は、そのまま取引のある京都の内外出版印刷会社に渡した。

小西博士は東京帝大を卒業後にドイツ留学を経て京都帝大教授となり、独自の教育哲学を確立した人であった。

もう一人、京都帝大教授の英文学者である厨川白村博士にも執筆してもらう約束があったけれど、こちらは鎌倉の別荘にいて大地震に遭遇し、津波にのまれていったんは救出されたが、そのますぐに亡くなった。

厨川博士が朝日新聞に連載した「近代の恋愛観」は恋愛至上主義を世に広めるものとなり、知識層の青年に大きな影響を与えていた。朝日を読んだ篤が出版を依頼したところ、「近代の恋愛観」は先約があるけれど、ほかのものを書くという約束ができていた。厨川博士は足がご不自由だったから、逃げ遅れたのだという。

このころ、篤は顔面神経痛になり、顔が歪んでしまった。寒い夜のこと、友人宅で一献やって、表へ出たとたんに、なにかに顔を挟まれたようで、しばらくは動かず、どうなったのかが呑み込めなかった。

初手

自分で出した俳句集のことはともかく、関東大震災のあとに『末摘花』を出したのが篤の最初の出版だとされている。窪田自笑子という人が、はじめ謄写版で刷った『末摘花』を秋葉原の貸席で売っており、そのあと、緞子の表紙でこしらえたものを五円で売った。それを買って持っていたところが、震災のときの火事で焼いてしまったために、どうしても欲しくなった篤は自分で作ったのだと言われている。こういう本を「まんじゅう本」というようであるが、この本の所在は、いまはっきりと確認できない。

そのあと、篤が出版に手をつけたのは「本の葬式屋」であった。これは人が亡くなってのち、一周忌などの機会に遺稿集を出すような種類のものである。たとえば、福井の松平家の息子で実業家の養子にきていた人が、関東大震災のときに横浜で死んだ。そのあと、学習院の先輩だった某公爵が編纂委員になって遺稿集が作られるのだが、越前の羽二重を表紙に使い、紙は関連のある三菱から持ってこさせた、ごく上質のものを使う。表紙の箔押しも黒に金は目立たないから、銀にしようということになったけれど、銀は長年のうちには黒くなるからよしにして、アルミ箔にする。こういう凝った本を納品するのであるが、相手が相手だからいくら高くても値切られる心配はない。一軒当たり十五円は利益を上げて、これを五、六軒はやったというのが、「本の葬式屋」の実態である。かなり儲かったようである。

出版を本格的にやりはじめたのは、それからあとのことであるが、普通の本では面白くないというところから、民俗学や土俗学のものに取り組むことにした。一九二六（大正十五・昭和元）年、坂本書店出版部から、民俗学者であり文学碑研究家でもある本山桂川を編集者に据えて、南方熊楠の『南方閑話』を発刊したのを手はじめに、中山太郎の『土俗私考』にはじまる「閑話叢書」を刊行、さらに、富士崎放江『茶後』、西澤仙湖『仙湖随筆』、本山桂川『海鳥風趣』『長崎丸山噺』、谷川磐雄『民俗叢話』、石野瑛『武相考古』、坂ノ上言夫『拷問史』と華々しく発展するのだが、このとき篤はまだ二十五歳だったから、その得意満面たるや容易に想像がつくというものである。

こういう若さのためかどうかは知らないが、このとき、編集者の本山と南方との間に深刻なトラブルが生じて、二人はついに絶交することになってしまった。篤が南方ともあろう人に対して、きちんと印税を払わなかったからであるが、のちにも見るように、こうした著者への非礼は、篤の体質になっていったのである。

さて、土俗学について追究してゆくうちに、道祖神のことなどから発展して、やがてそれが『性の表徴叢書』になっていくのであるが、このシリーズでは内容見本が発売禁止になるという珍事が出来している。内容見本の印刷物には長野県松本郊外の石の男根とその下にある女陰や、バタヴィアの女陰がついた、呪いのための大砲が刷り込んであった。これが「けしからん」ということで桜田門の禁忌に触れたのである。結局、篤はこの件で罰金五十円を取られたが、警官の月給が三十五円くらいのときの五十円だから、おろそかな金額ではない。

このシリーズには、もう一つ逸話がある。そのころ本を出版するには、出版法第三条により、三日前までに製本二部を添えて、内務省へ届けをしなければならなかったのだが、澤田五倍子の『無花果』を出すとき、ちょうど大正天皇が亡くなったという「お触れ」が出た。内務省では、さぞかしてんてこ舞いであろうと、出版届けを出したのだが、まさに狙い通りで、この件にはなにも言ってこなかったのだというう。内容見本が発禁になりはしたものの、本体が引っかかるということは、ついになかった。

こうした性的な内容の本を出版することについて、篤は「こういう本屋が一軒くらいはあってもいいかな」という気分だったと語っている。

様相

『性の表徴叢書』を出しているころ、篤は梅原北明と知り合った。梅原は、いわゆるエログロナンセンスの時代を牽引した人として知られているが、この時期に先立つ一九二五（大正十四）年に「文藝市場」という雑誌を創刊していた。一九一七年のロシア革命に接し、北が明るいと感じ「北明」を号としたと言われるとおり、左翼思想の持ち主であるところから、この雑誌を任されたと言われているが、同誌は村山知義、今東光、井東憲、金子洋文、佐々木孝丸ら新進気鋭の文士を同人としてはじまった。

篤と梅原が出会ったのは、梅原が神楽坂の夜店で原稿のたたき売りをやったときであるから、創刊の年の暮れのことであった。左翼雑誌として出発しては見たものの創刊号のあと振るわず、佐々木や井東の原稿をたたき売って、この際、「左」からとりあえず「桃色」に転向するということのようであった。誠に乱暴な話ではあるが、これは梅原一流の宣伝戦術で、そのころの新聞に絶好の話題を提供したようである。

「桃色」に転向とは言いながらも、誌名のほうはそのまま「文藝市場」であったが、これを書店へ出そうとしても梅原には書店との取引がない。そこで篤の名義を貸せという話になって、三巻六号から温故書屋坂本書店が「文藝市場」の発行所ともなったのであるが、それがのちのちまでたたった――と、後年、篤は回想している。前記のように『性の表徴叢書』の内容見本が発禁になって、検事局へ呼びつけられた取り調べの果て、坂本はアカである、それが証拠に左翼の梅原なんかと組んで雑誌の片棒を担いでいる、と断定されたからである。もっとも、左翼であろうと、性的なものの出版であろうと、官憲ににらまれるのは同じであるが、それでも「桃色」

には少しは気を許していたらしい。

これ以後、篤と梅原との交流は頻繁になるのだが、「文藝市場」は三巻二号からは論争雑誌、三巻六号からは個人編集とするなど手をかえ品をかえて官憲の追求をかわした。梅原は数度の罰金刑と二カ月の獄中生活を余儀なくすることになり、一九二八（昭和三）年に保釈で出たあと、「グロテスク」という雑誌を創刊した。この雑誌が、いわゆる、エログロナンセンスと言われて一世を風靡した時代の先駆けとなり、戦前のセックスジャーナリズムの主流を形成するのであった。

このとき、梅原は創刊号のみ烏山朝太郎というペンネームで編集発行人となり、エロよりもグロに重点を置くことによって官憲の監視を逃れようとしたようであったが、二号目で早くも発禁を食らう始末であった。しかし、したたかな梅原は、この発禁を逆手に取り、「グロテスク」の死亡広告を新聞に載せて、第四号の宣伝にしたのである。

梅原はとにかく多作の人で、翻訳などは原書を読んでその場でしゃべるのを速記させていたから、一晩に何百枚もできたという。

　多くの変態資料やアングラ雑誌、書籍を世に出した梅原は、今日はモダン・エロティシズムの元祖（斎藤夜居）と位置付けられており、野坂昭如の小説『好色の魂』に貝原北辰として登場するのだが、敗戦の翌年に発疹チフスで死去している。燕尾服を着たりダンディーな身だしなみで知られた梅原が、虱から感染した病気で死んだというのは、一つの皮肉であった。

　これは果たせなかったことだから、篤にとって思い出になっただけだけれど、梅原との間で『日本遊蕩史』という出版計画があった。もとは『引手茶屋、貸座敷、吉原沿革史』という厳めしい題がついた美濃判の分厚い本で、内務省が作ったものであった。編纂したのは古川柳の研究家として知られる、法学博士の岡田朝太郎という錚々たる学者だったが、梅原が盗んできたらしく、篤に出版を持ちかけた。しかし、堅苦しい感じだから吉原で遊んだ話や吉原にまつわる道楽者の話題を書き加えて、前述のようなタイトルにしたのである。けれども、梅原は監獄を出たり入ったり、篤は篤で逃げて歩いていたりしたから、二人とも書いている時間がない。すでに広告も出して前金を送ってきた人もいたのに、ついに出さずじまいで終わってしまった。

さて、このころの性的文化の様相には多様なものがあって、本や雑誌に限らなかったのは言うまでもないが、その一つに花電車というものがある。祝日などに車体を美しく飾って走る電車のことではなく、「見るもので乗るものでなし花電車」という河柳雨吉の川柳のとおり、人に見せる性的なショーで、乗せないというところが意味深である。ちなみに、この句は秘密出版した『恵みの露』に入っているという。

花電車は永井荷風の『濹東綺譚』の舞台にもなった、向島区寺島町（現・墨田区向島五丁目ほか）の私娼街・玉の井が発祥と言われているが、大阪・飛田新地とする説もある。

部屋に入ってゆくと全裸の女性がいて、彼女が芸を見せるのだが、人によっていろんな得意技があったようで、技には一つ一つ風流な名がついていた。たとえば、卵を中に入れておいて飛ばす、それもただ飛ばすのではなくて、何メートルか向こうに置いた枡の中に入れる、あるいは、木琴をたたいたり、バナナをはさんで切って見せる、筆をくわえて習字をするなどというのもあり、客に金持ちがいるようなときは、祝儀としてビール瓶を立てた上に一円札を乗せ、これをはさんで取らせるなどしたと言われる。これは不景気だった昭和のはじめには、銀座のカフェの女の子がやったことがあった。どこではさむか、くわえるかという野暮はここには書かないけれど、書いたところで現在は発禁になる気づかいはない。この花電車、市電の乗車賃が七銭の時代に十円の会費であった。篤は大学教授や、「坂本、みんなのいかないような所へ連れていけ」と言われて、華族の当主を案内したこともある。ついでながら、玉の井は一九五八（昭和三十三）年に売春防止法ができるまではあったが、花電車も存在していたかどうか、それは知らない。

似たようなものにスケッチ会というのがあって、篤も駿河台の理髪店「ノバ」の二階を借りて催したことがある。入口で会費を取ってスケッチブックなどをもっともらしく渡しても、絵を描くのではない。全裸の女性を真ん中の台に立たせたり座らせたりはするけれど、客は見るだけだから、会場を出る時にはスケッチブックは返すことになっている。

向島や五反田にはダンス芸者というのがいて、やはり裸で飛んだり跳ねたりして見せるだけという、単純な芸とも言えないものを繰り広げるわけで、つまりは今日のストリップである。これは社会主義の文献を集めていたという、変わり種の芸者花園歌子がお師匠さんで、さすが師匠とあって彼女の見せるものは華やかであった。赤や青の光を当てて、最後のところで前を隠していた紫色のハンカチを、すっと落として見せたりしたという。五反田のぴん子という芸者は、「いとも勇敢なダンス芸者あり、現れていろいろ工夫して見せる」と書かれ、裸の女が逆立ちしている絵が添えてあった。これは『花電車その他』と題したスケッチ帳に描かれており、戦後になっても篤の手許に残っていた。

同じころ、向島の「言問いだんご」の近くに待合を装った店があって、これがいわゆる高等淫売であった。なにが高等かというに、白木屋デパートや三井銀行に勤める女の子が客の相手をするのである。今日と違ってこのころデパートや銀行と言えば、美人のいる所と決まっていたが、客の相手と言っても、きれいな包装紙にくるんでくれたり、お金を預かったりするのではない。売るものはその女性という、そういう種類の「高等」だったのである。篤は三井銀行の別館にいる磯清という男に、原稿をもらいにゆくことがあり、受付の女の子が取り次いでくれる。その受付嬢にこの待合で出くわしたときには驚いた。おやおやとか言って、その場を取り繕うのに、どういう顔をしたらいいのか、どうも困った。

しかし、これらのことはどう理解したらいいのであるか、ここでもう一度エンゲルスを引くこととする。

単婚の一方には売春という極端な形態を含む娼婦制がある。娼婦制もまた、他のすべてのものと同様に一つの社会制度であり、それは昔の性的自由を継続する——男性に有利なように。それは、実際には容認されるばかりでなく、特に支配階級によって大いにもちいられているのに、口先では弾劾される。しかし実際にはこの弾劾は、けっしてそれに関係した男には向けられないで、女にだけ向けられる。彼女たちは追放され排斥されるが、それは、このようにして男性の女性にたいする無条件的支配を社会的基本法則として再度宣言するためである。(『家族・私有財産・国家の起源』)

さて、本業の出版であるが、篤は一九二七(昭和二)年、佐藤紅霞『川柳変態性欲志』を出した。この本もそうであったが、篤の本はあらかじめ予告を出して、会員募集をしてからの発刊が普通のスタイルだった。警察が気づいたときには発送済みというのを狙ったのである。このときは、途中で印刷業者が怖気づいたために何か所かを伏字にし、いきさつを書いたわび状を会員に送ったけれど、やはり発禁になった。

このほかに山中共古『共古随筆』、宮武外骨『習俗雑記』、磯清『吉備暖語』、石角春之助『変態的婦人犯罪考』を温故書屋として刊行した。『共古随筆』は蚕卵紙の堅いのを表紙に使うことになり、斎藤昌三が福島方面から買い集めてきた。変わった表紙として評判は良かったけれど、篤には金がなくて、紙代の五円が払えなかった。

石角春之助は明治大学の法科を出た人で、報知新聞の記者だったこともあり、法律書の著作もあったが、一日に一、二回は浅草公園を回ってこなければ気が済まないという変人であった。それというのは乞食が好きだからであるが、本人も風呂嫌いで汚く、そばへゆくと臭かったと言われている。食い溜めと称し、どんぶり飯を三、四人前食っては、あと三日くらいは食わずにいた。いつであったか篤が一緒に公園を歩いていると、乞食がやってきて「先生」と言ってお辞儀をしたから面喰った。

川越藩の士族の娘だったという触れ込みの、土手のおきんという女乞食がいて、観音様の裏でベンチに立って金を集め、それがたまって五銭になると、着物の裾をまくって見せたという。篤が吉原の喜久屋で飲んでいたら、この女がきて知り合いになり、石角に紹介したことから『乞食裏譚』『浅草裏譚』『浅草女裏譚』という本ができた。『浅草裏譚』は表紙に浅草紙を使って凝った作りにしたけれど、伏字表をつけて売ったために発禁を食らった。

二

白足袋

神田区表神保町一〇（現・千代田区神田小川町三丁目七）に坂本書店の出版部を置いたのは、一九二七（昭和二）年からのことであるが、出版社らしい事務所というのではなく、間口二間にガラス戸が入っている店のような造りであった。入った所は土間になっていて、隅には印刷所からきた刷り上がりの紙や製本所からきたものなどが積んであった。正面は腰をかけるくらいに一段高くなって、畳を敷いた座敷である。奥にはガラスの入った障子が四枚あり、左側の壁に一枚だけある唐紙を開けると二階へ上がる階段になっていて、ここを応接間兼編集室と言っていたが、どこにでもある民家の二階といった雰囲気で、窓際に書類の乗った和机が一脚あるだけであった。

のちに事務所は麹町区飯田町二の六三（現・千代田区富士見二丁目七）や同区九段一の一〇（現・千代田区九段南一）、中央区宝町二の一二（現・中央区京橋一丁目から三丁目辺）などを転々とするが、文京区大塚仲町（現・大塚四丁目）に落ち着くのは、ずっとあとの一九五三（昭和二十八）年夏、有光書房になってからである。

坂本書店の二階の窓に白足袋が干してあるときは要注意で、警察がきて家宅捜索をしていることを、来客に知らせる合図だったのである。知らずに踏み込むと余計なことを疑われて、痛くもない腹を探られたりしないとも限らないし、うっかりしゃべったことから、まだ警察が知らない出版計画を察知されたりすることにもなり兼ねない。事情を知る者は白足袋を見上げると、素知らぬ顔をしてそそくさと立ち去ったという。

一九二八（昭和三）年の夏のはじめ、篤は急にまとまった金が入り用になったので、手っ取り早く勝負の着くバレ（エロ本）を企画した。この手の本は前述のように読者から予約金を取って、本が出来上がるとすぐに発送するという形をとっていたが、悪くすると製本中を警察に知られて押さえられ、読者に届かないということもたまにはあった。

このときは、危ない橋を渡るのは嫌だという宮尾しげをを説き伏せて、『浮世小咄』というのを書いてもらった。とはいえ、二百五十五篇もの艶笑小咄を、手っ取り早くというわけにはいかない。おそらく、前々から持っていた原稿を渡したのだろうと思う。冒頭の「舌代」末尾には、「戊辰の夏初　笑和山人」とある。著者は昭和山人という名前にして、神田区下白壁町一三（現・千代田区鍛治町二丁目八）、艸文書堂という架空の発行所にした。発行名義人は大藤篤司という製本屋の男に頼み、神田三崎町の加藤文明社という大きな印刷所で刷った。昭和参年八月六日発行で三百部限定、非売品、と奥付けにはある。四六判二百十一ページの活版印刷だが、青いひもで和綴じにしたうえ、本をすっぽりと包む四角い筒状のものに納めてあった。銀ねず色の表紙の左上に子持ち罫で囲った書名を筆書きした、小さな札を斜めに貼って、多少は手の込んだ作りである。

予約注文がたくさんきて金も入ったので、印刷所の入り口近くに、本文が白いままの本を五十冊ばかり積んで手入れに備えた。案の定、どこから漏れたか印刷所に家宅捜索が入って、用意しておいたダミーを押収していった。

あとで判ったことだが、この本を買った早稲田の学生が友人に貸したところ、その友人が交番で不審尋問にひっかかった際に持っていたため押さえられ、すぐに発行名義人に手が回った。そのときに大藤があわてて印刷所を教えてしまったので、紙型が押収されることになったのである。そのうえ、印刷所の男が篤に連絡する電話で、『浮世小咄』の紙型は持っていかれたが、伊藤晴雨の『責の研究』は大丈夫だと話しているのを、まだ残っていた刑事に聞かれてしまい、『責の研究』は一冊残らず持っていかれてしまった。

伊藤晴雨は責め絵や幽霊画を得意とする画家と言われているが、誤解されているところがあり、『江戸と東京　風俗野史』（有光書房）に見るとおり、実際は優れた風俗画家であった。責め絵というのは半裸の女性を縛ったり天井から吊るすなどして、苦悶の表情に美を見出し、アブノーマルな性欲を満たす種類のものであるが、伊藤の作品はきちっとした考証に基づいており、興味本位のものではないとされている。責め絵のモデルにされた二人目の妻は、妊娠中に吊り責めを受けたと言われるが、やがて伊藤の許を去っている。ついでながら、のちに竹久夢二の愛人で、同棲することになるお葉は、この伊藤のモデルでもあり愛人だったのである。

『浮世小咄』のほうは替え玉の昭和山人が出頭して取り調べを受け、三日の拘留で帰ってきたけれど、『責の研究』はそうはいかなかった。『責の研究』は名著であると、フリー百科事典『ウィキペディア』などには記されているが、しかし、この本の発禁によって篤と伊藤は、のちに市谷の未決監に収監され「くさい飯」を食わされたのである。

逃亡

替え玉の昭和山人は帰ってきたけれど、『浮世小咄』と篤との関連は知られていない。だから、事件はまだ終わっていないわけで、しばらく形勢を見ようと篤は思った。二百部ほど残っていた本を道向こうの至玄社に運び込んで保管を頼むと、しばらくどろんをすると言って家を出た。

至玄社というのは、正木不如丘の『日光療法』を出した出版社で、遠縁に当たる者だったが、その縁で知り合った正木が、富士見高原療養所の所長をしており、一度遊びにこいと言われていた。まずはそこへいくことにして中央線に乗った。至玄社の男もついてきたから、その夜は甲府で降りて、西町とも言われていた中心部のすぐ西にある花街・穴切で遊ぶことにした。穴切遊郭は上府中大火で焼けた新柳遊郭が、一九〇七（明治四十）年に移ってきて以来のもので、甲信地方で最大と言われ、二百数十人の娼妓を抱えていた。祖父が大門を閉めきって遊んだことが語り草になっている街でもあり、至玄社の男が、こいつは「藤伝」の孫だと言ったものだから、大いに歓待してはくれたけれど、逃げる途中という気があるものだから、愉快に遊べるものではない。

翌日はまた中央線の汽車に乗って長野県の富士見で降り、正木を訪ねると、ちょうど正木が作詞した「筑摩小唄」の発表会の日だったから、夜は上諏訪の芸者を上げてどんちゃん騒ぎになった。しかし、篤には虫の知らせのようなものがあり、駅前の旅館に一泊して早朝に発ったところが、あとで聞くと警視庁から連絡があって地元の刑事が問い合わせてきたし、駅前の旅館も探られたらしかった。

それで追われていることに確信を持った篤は、もう一度甲府へもどったあと積翠寺や東光寺の湯に入ったり、親戚の墓参りをして転々とし、さらに河口湖へ飛んで、東桂村の名家で天野徳という旧知を訪ねた。新劇にも関係を持っていたこの男は上山草人、伊沢蘭奢のパトロンだったこともあり、神保町へも繁くきていたからである。

　ところが、奥さんがカトリックで、亭主の友人はみな不潔なやつばかりと思っていたらしく、お茶一杯も持ってこない。大きな家で使用人もたくさんいたから、上げ膳下げ膳で面倒を見てくれたのは良かったが、奥さんはついに顔を出さなかった。

　一週間ほど世話になったが、主が写真を趣味にしていて、近辺の道祖神を撮影するのについていったり、退屈することはなかった。猿と馬が彫ってある台座の上で男女が睦みあっているのや、巨大な男根がお堂に祀られているのなど見て歩いたけれど、そのときの写真はのちにコロタイプで刷った。各地の性に関するものを写真に撮り、それをはがきに刷って好事家に贈ったのを「温故コレクション」と称していたが、その一枚に加えた。むろん、こうしたはがきは警察がうるさかったけれど、タイの印刷局にいて偽札を刷っていたという経歴の、今川という男がお茶の水にいて、彼が一手に引き受け、シリーズが十回まで続いた。

そこから東へもどり、さすがに都心はまずかろうと思ったから、八王子に泊まった。一八九三（明治二十六）年の、七百二戸を焼いた大火のあと、江戸時代から飯盛女を置いていた旅籠が、田町に集まったのがはじまりという八王子遊郭があり、古めかしい宿場女郎の名残りを留めていた。往年は大門から入った桜と柳の並木の両側に妓楼が並んでいたという。一晩遊んだ明くる日は以前に甲府で検事をしていた親戚を訪ねた。相手が相手だから一部始終を話すわけにはいかなかったが、そのまま東京にもどった。朝日の記者をしているいとこの家に一週間ほど隠れて、ここから諸方へ連絡をしたら、『浮世小咄』の本当の作者である宮尾しげをがやってきて、俺の名前を出すことだけは勘弁してくれという。もともと、そういう約束だったのだから、篤が一人で背負うことにして、事前に電話することもなく警視庁へ出頭し、どうもお世話様ですと神妙にお縄を頂戴した。

篤の思惑では、これで調書を取られて一件落着のはずであったが、今回は少し涼んでいってもらうと言われて収監されてしまった。関東大震災のあとで、警視庁は馬場先門の仮庁舎のバラックであった。屋根はトタンだから部屋の空気が煮え立つようで、夜になれば蚤、虱が出て涼むどころの騒ぎではない。篤が収監されたのはここと、前記の市谷、それにのちのところで書くが京都の三回だけで、どれも未決であった。結局、この件は罰金二百円になったが、逃亡中の経費を除けばいくらかの利益はあった。

ところでこのとき、宮尾には原稿料が支払われなかった。のちに宮尾が書いた文に、篤からの手紙らしいものが引用されており、それにはつぎのようにある。

宮尾さんには借金があるから、何か出して穴うめしなけりゃいけないが、いまは貧血書店で、それどころではなく、金を払うのは紙屋と印刷屋だけ、あとはタダの原稿を書いて呉れる人を探している時なので当分失礼をする。

（「川柳しなの」坂本篤追悼号）

この一九二八（昭和三）年という年は、三月に日本共産党員が大量に検挙された、いわゆる三・一五事件があり、日本中の各県に特高警察が設置された、暗い昭和のはじまりを象徴する年であった。

中国侵略を推し進めようとしていた田中内閣は、第一次普通選挙で日本共産党が公然と活動をはじめたことに危機感を抱き、三月十五日早朝を期し一道三府二十七県において、共産党、労農党、評議会、無産青年同盟などの活動家千数百名を、治安維持法違反容疑で一斉に検挙した。これが三・一五事件であるが、警察は検挙者に対して、千枚通しで体を刺す、逆さ釣りにして頭を床に打ち付ける、鼻から水を注ぐなど、言語に絶する拷問を加えた。

坂本書店は佐藤紅霞『談性』と石角春之助『夜這の巻』を刊行した。石角の本は予約注文制にして一冊四円の定価、ちらしを七千枚ほど配ったが、一万五千冊もの注文があった。

　このころは郵送するのにも知恵を絞った。郵便局に刑事が張り込んでいることがあり、まとめては出せない。そこで神保町を避けて九段や日本橋まで足を延ばし、小分けにしていくつかのポストに放り込むのである。

人脈

一九二九（昭和四）年、篤は宮武外骨の『千摺考』を入手したので、それを謄写版で復刻した。篤が入手したのは大阪の豊中鍬之助という知人が持っていた写本だったが、副題に「手淫通」とあり、どう見ても筆跡や文体が外骨のものと思えたから、本人に問い合わせの手紙を出したところ「然り」という返事をもらった。しかし、発禁ものであるのを承知のうえだから、まともに出版するのを避けて謄写版で復刻して売ったのだと、斎藤昌三『三十六人の好色家』（有光書房）に、篤がつけた補注には書かれている。また、「口伝・艶本紳士録」では、カーボンを入れて複写したとも言っているが、外骨からきた手紙を見せ信用させて売ったという。この本は、いまの若者風の言葉に書き換えると、一人エッチについて論じたガイドブックであるが、その当時は手淫とも言った。

ここに出てくる豊中鍬之助は、謄写版刷りの図書目録を発行して、古書の通信販売をしていた男で、斎藤昌三を中にはさんでの付き合いであった。道頓堀の「たこ梅」や法善寺横丁の「正辨丹吾」を飲み歩いたこともあったが、こんなときも篤は江戸っ子を気取って、べらんめえでしゃべりまくっていた。

ところで、謄写版というのは今日は死語に近く、知らない人も多いから書いておくと、そのころ盛んだった印刷技術の一種である。雁皮紙という薄い紙に蝋を引いたものを使い、この紙を鉄のやすりの上において、鉄筆でがりがり書くと、その部分だけは蝋が取れてインクを通すようになる。そうやってできた、版ともいうべきものを、細かい絹の網を張ってある印刷機にセットして、上からインクをつけたローラーを転がして印刷するのであるが、作るときの音からガリ版とも呼ばれていた。戦後もかなりのころまでは使われ、学校の試験用紙などで普通に見ることができたし、自費出版の詩集や同人誌も多くはこれによっていた。一九七〇年前後のアジびらなどには、まだこれが使われていたという記憶がある。ベテランの活動家の中には、一分間に六十枚以上を刷る者が珍しくはなかった。

一九三一（昭和六）年になると、前記の斎藤昌三が書物展望社を創立して、雑誌「書物展望」を創刊した。この雑誌は戦時中に一時中断しながらも復活して一九五一（昭和二十六）年まで続いた。斎藤は本名を政三と言ったが、関東大震災で焼けてしまった戸籍が復活してからは昌三を名乗り、別に小雨荘というのも使った。今日では古書研究家とされているが、古書学、発禁本の研究家として足跡を残している。趣味雑誌「おいら」や「いもづる」を出し、さらに「愛書趣味」を創刊している。

はじめ横浜の郵便局に勤めていたが、そこを辞めてからは本や文具、雑貨を扱う貿易商の五車堂で支配人をやっていた時期があり、篤も吉田東伍、上田萬年などの本をアメリカへ送ってもらったことがあった。篤が神保町に店を出すようになったころの斎藤は『性的神の三千年』や『近代文芸筆禍史』などという本を近くの崇文堂から出していた。『性的神の三千年』は彼の死後一九八八（昭和六十三）年に勉誠出版から、性の民俗叢書として復刻されている。

お遊びが盛んで新橋や葭町に出没したから、馴染みになった芸者も一人二人ではない。女性に手を出すのが早かったらしく、本山桂川との間では、芸者を取った、いやくれてやったという争いもあった。本山桂川は関東大震災より前には、たびたび長崎から出てきて五車堂に斎藤を訪ねていた。ある日、そこに居合わせた女性が美女だったので、思わず一目ぼれしたけれど、斎藤の愛人だったから相手にしてもらえない。彼女は烏森辺りの芸者だったが、何日かのちになって羽田の穴守稲荷のお茶屋で、蔵書印の代わりに表紙の裏などに貼って楽しむ、エキスリブリス（蔵書票）の会に出たところが、その美女と再会した。それが縁となって桂川はその女性と深い仲になって、つまりは、斎藤の女を取ってしまったのであるから、斎藤には面白くない。「そんなもん、ほしけりゃくれてやらあ」というはがきが桂川に届き、以後二人は長い間疎遠になった。斎藤にはほかに染八という芸者がいて、この人との付き合いは長かったらしいが、前に書いたダンス芸者の花園歌子に手を出して、懇ろになったこともあった。花園も男出入りの激しいほうだったようで、その後、正岡容の女房になり、何年かは千葉の市川でダンス教室を開いていた。

また、時間は前後するけれど、梅原北明の「文藝市場」から『蔵書票の話』を出し、梅原がやっていた『変態十二史』のうち二冊を斎藤が書いていたが、そうしたつながりで、斎藤と篤との親交がはじまったのであった。篤は斎藤の死後に『はだかの昌三』という追悼集を出している。しかし、三十数冊という斎藤の著書のうち、篤の手で出したものは前記の『三十六人の好色家』と『随筆六九』（一九六二年）くらいのもので、ほかは書物展望社が多いのは当然としても、ほとんどが改造社そのほかから上梓されている。

いまでは珍しくもないが、デパートで古書の即売会をやったのは、斎藤が日本初だと言われる。『現代日本文学大年表』『現代筆禍文献大年表』などの著書があるところから、改造社から話が舞い込み、白木屋で開催したのが草分けとなった。

このころ篤は奥多摩へロケをして、岩の上の裸の女性の写真を撮り、二十四枚一組を一冊百円で売った。いま見ればポルノとも思えないような、観光案内に毛の生えたような他愛のない写真だったが——むろん、毛の生えたというのは言葉のあやだけれど——こんなものが警視庁の禁忌に触れる時代であった。その写真を大きく伸ばしてウインドウに飾った店があったところ、けしからんと言われて、これをきっかけに摘発されてしまったのである。

こうしたエロチックなものの得意客の中に宮家の主が何人もいて、持っていくと執事かなにかが出てきて、鷹揚に即金で買ってくれたようである。『おすしのこしらえ方』という本を注文してきたのは梨本宮の妃殿下だったが、篤の名簿にはそういう人の名も一緒に登録してあった。田中義一が総理大臣のときには、写真集を官邸へ持っていった関係から、貴族院議員も何人か同じ名簿に載っている。なんの嫌疑のときだったか、警視庁がきた際にその名簿を押収していったけれど、「君、こういうことをしちゃあ、どうも困ったねえ」と言われたきりで、お咎めはなかったという。

この時代、写真や絵を載せたものには厳しく、わいせつ罪が適用されて破廉恥罪に扱われるのに、文章のほうは出版法違反で、いわば思想犯であったから、手錠をかけないなど、警察の対応も違ったという。

前のところで、暗い昭和のはじまりと書いたけれど、この年九月十八日には満州事変が起こっている。中国革命が満州に波及することを恐れた、関東軍参謀板垣征四郎らの陰謀による柳条湖事件に端を発した日本の侵略戦争を、政府は事変と言って民衆を瞞着したのであった。政府の不拡大方針を無視して、関東軍が暴走し、東三省ほぼ全部を占領した。翌年三月には「満州国」建設宣言が発せられたが、軍部を押さえる力のない政府は、これらを既成事実として承認するに至った。

戦陣訓

満州事変からこっち、世の中はだんだんきな臭くなってきて、一九三六（昭和十一）年二月二十六日には、いわゆる二・二六事件が起きている。北一輝の思想に影響を受けた陸軍の皇道派青年将校によるクーデターがそれで、歩兵第一、第三、近衛歩兵連隊などから千四百人の兵を動かし、斎藤実内大臣ら三人を殺害、陸軍省、参謀本部、国会、首相官邸など一帯を占拠して、陸軍上層部に国家改造の断行を迫った。しかし、結局は反乱軍と規定されて鎮圧され、首謀者の死刑など大量の処分者を出して終わったが、これを機に軍部は政治的発言権を強めていった。

そのころ篤は警察の監視を逃れて都落ちし、関西で暮らすことにした。大阪大学法医学教室の中田篤郎の引きで、同大法医学教室の雇いとなり、五十円の給料をもらうようになった。正式な嘱託ではなかったけれど、研究のために古本や古道具を集めることが仕事である。なれない研究者が古書店を回っても結果ははかばかしくないから、代わりに篤が走り回って、刺青のある錦絵など江戸時代の犯罪資料を集め､買った値段に上乗せをして大学へ納めた。前記の『千摺考』なども五､六冊は買ってもらったが､給料のほかにも収入があるのは結構な身分というもので､京都へいって祇園で遊んだりもした。そのころの祇園は、女の子一人を一日はべらせると、十九円五十銭かかったけれど、東京では吉原、神楽坂、葭町、どこへいっても十円だったというから、篤の遊びは大尽遊びと言ってよかった。

「女の子三人をはべらせて、指一本触れることなく、夜は雑魚寝をするのが一番」

後日の対談で、嘘か本当かそう言って、この年齢でその境地ですか――と竹中労をうらやましがらせている。

このころ草薙金四郎の原稿で『川柳江戸軟派』の出版を試みたが、ゲラの段階まででいきながら果たせなかった。この本は校正刷りから写本を作った人があると言われているが、所在がはっきりとはしない。一九三七（昭和十二）年には青木文教の『西蔵文化の研究』を出したけれど、もう世の中が本どころの騒ぎではなくなっていたのである。戦争の深刻化に伴い、いろんな物資が不足してくると、紙をはじめとする出版資材も統制されるようになり、法政大学大原社会問題研究所が、インターネット上に公開した文献によると、つぎのようである。

一九三七年十一月、商工省は東京出版協会の幹部を招き、業界全体の問題として用紙の節約を要望し対策を求めたのに対し、同協会と日本雑誌協会は用紙節約に対する答申書を商工大臣に提出した。年末には、金使用規則が交付され、装幀のための金箔使用が禁止され、翌年からは印刷製本機械や断截庖丁が製造禁止ないし制限となって、やがて針金、糸、洋紙等の主要製本資材の統制に進んでいった。(「太平洋戦争下の労働運動」)

これは言論統制の一環としての露骨でえげつないやり口であるが、やがて、書籍はすべて許可制となり、情報局が実権を握って、時局下望ましくないと認定されれば用紙が与えられず、その出版は差し止めとなった。こんなご時世に篤の目論むような本が認められるわけはなく、また、出版社の整理・統合もあったから、弱小出版社としては抗う方法とてないというのが、この時期にほとんど本を出せなかった偽りのないところである。

この年七月には盧溝橋事件があって日中戦争がはじまっていた。日本は宣戦布告を行わなかったが、日露戦争以来はじめて大本営を設置し、国家総動員法を発動しての全面戦争になった。はじめ、日本は中国に一撃を加えて屈服させることができるとたかをくくっていたが、激しい抵抗に会ってつぎつぎと大軍を投入し、泥沼にはまった。一九四〇（昭和十五）年になると大政翼賛会が発足して戦争一色となり、ついに一九四一（昭和十六）年十二月、日本は米英との間に戦端を開いて太平洋戦争へ突入し、国を滅ぼすまで奈落の底めがけて落ちていったのである。

篤は、こんな時代を出版人としていかに生き残るかを考え、陸軍省情報局に出版免許の届けを出した。とは言っても、ほかの数社とともに大倉廣文堂に統合されてのことであるが、そうして刊行したのが林髞の『生理学概論』であった。これは検閲に引っかかるのを恐れて、著者が時流に合ったように書き換えたため、印刷所が泣きを入れたほどに校正が真っ赤になった。そのあと井上哲次郎注釈の『戦陣訓本義』を出した。この『戦陣訓本義』は三万部を超すベストセラーになった。

ここに言う『戦陣訓』は一九四一（昭和十六）年一月八日に、ときの陸軍大臣東条英機が示達した陸訓一号のことである。日中戦争で軍紀が乱れたために、教育総監部が軍人勅諭を補うものとして作りはじめたのだが、時を経て出来上がったものは、古典的な精神主義を前面に出したものになっていた。

もっともよく知られていて、つまりは、これによって死なずともいい将兵や民間人の多くを、玉砕や自決に追いやったのは、「本訓　其の二」の第七、第八で、それはつぎのようなものである。

第七生死観

死生を貫くものは崇高なる献身奉公の精神なり。

生死を超越し一意任務の完遂に邁進すべし。心身一切の力を盡し、従容として悠久の大義に生くることを悦びとすべし。

第八名を惜しむ

恥を知る者は強し。常に郷党家門の面目を思ひ、愈々奮励して其の期待に応ふべし。生きて虜囚の辱を受けず、死して罪過の汚名を残すこと勿れ。

国体観、死生観については井上哲次郎、山田孝雄、和辻哲郎、紀平正美がかかわり、文体は島崎藤村ら文士が校閲に加わって手を入れたと言われている。

井上哲次郎は明治時代の東京帝国大学において、日本人最初の哲学教授であったが、「新体詩抄」を著した人として知られている。篤の祖父伝右衛門が「新体詩抄」を複製していたし、親戚の大倉廣文堂から井上の『人格と修養』『我が國體と國民』などを刊行していた。そうした関係で、篤も小石川表町（現・小石川三丁目）の井上家に繁く出入りしていた。『戦陣訓』が発表されてすぐに、井上家を訪ねて注釈を頼んだところ、陸軍省の許可が必要という話である。そこで篤はかつてから種々の援助を受けていた清水何某という陸軍大佐に頼み込んで、紹介状を書いてもらった。井上哲次郎の注釈という企画と、この紹介状がものを言って、陸軍の許可はすんなりと運び、『戦陣訓本義』は年内に出た。ただし、これは前に書いたように厳しい統合下にあったので、親戚の大倉廣文堂の名義で出ている。

少し余談になるが、『我が國體と國民』は、実は一時発禁になったのである。天皇家の三種の神器のうち剣が、壇ノ浦で海に沈んだと書いたのが、不敬とされた、そういう時代だったのである。しかし、これを組み直しては金がかかるので、本文の上から篤が器用に細工をして直し、検閲を通した。

一九四二（昭和十七）年、政府は「企業整備令」という勅令を出して、商業や消費財生産部門の中小商工業者を整理・統合し、その設備と労働力を軍需産業に転用する方針を打ち出した。国家総動員法第十六条に基づくものであるが、この勅令によって商工大臣が特定の事業主に事業の休止や廃止を強制した。戦争に役立たない不急不要の業種は廃業に追い込まれたのである。だから、篤はそのころ、いわゆる「裏」へ手を回し、小ずるく立ち回ることを心得ていたと言っていいのであろう。

三万部というベストセラーを出して、篤は出版人として暗い時代を乗り切って生き延びたには違いないが、こういう形ではあっても戦争に加担してしまったのは、篤の汚点として記憶しておかなければならない。あまつさえ、篤は修身の教科書の不都合を、著者に代わって役人の思惑通りに訂正し、監修官に顔を売ったため、徴用からも逃れている。徴用を逃れたと言えば聞こえはいいけれど、篤の場合は反戦でもなんでもなくて、時の権力におもねるのが本意だったから、ほめられたことでないのは同じである。この時代、大なり小なり戦争に加担しなかった日本人はなかったとしても、みんなそうだったからと言って、一般論に解消してしまうのは間違いである。

三

復活

一九四五（昭和二十）年になると、B29爆撃機による東京への空襲が頻繁になった。それを避けて田舎へ引っ越したり、小学生は親許を離れて学校ごと引き移り、軍の都合で家を接収され、取り壊されたりということも身近なことになった。これを疎開と言って、一九四三（昭和十八）年冬ころからはじまったらしく、永井荷風の一九四四（昭和十九）年四月十日の日記には、こう書かれている。

四月十日、陰。桜花いまだ開かず世間寂として死するが如し。食料品の欠乏日を追うて甚だしくなるにつれ軍人に対する反発漸く激しくなり行くが如し。

市中到る処疎開空襲必至の張札を見る。一昨年四月敵機来襲の後市外へ転居するものを見れば卑怯と言ひ非国民などと罵りしに十八年冬頃より俄に疎開の語をつくり出し民家離散取払いを迫る。朝令暮改笑うべきなり。(永井荷風『摘録断腸亭日乗』岩波文庫)

篤も疎開することにして、四月になると知る辺を頼り、千葉県君津郡金田村中島高須(現・木更津市中島高須)へ移った。そこは純然たる漁村であったが、戦闘帽に巻きゲートル、背にはリュックというスタイルで、よく網元の家で話し込んでいた。この網元は下戸だったうえに、たやすく酒が手に入る時節ではなかったから、二人の間にはなにも置かれていなかったようである。やがてここで八月十五日、日本の敗戦を迎えるのであるが、その後、篤は津田沼に移転して、文京区大塚に有光書房を設立するまではそこで過ごした。

そのころの一般庶民は、ひたすら忍従の日々を送っていたのであるが、庶民と高級軍人とは、とんでもなく隔たりがあったようである。内田百閒が住んでいた麹町区五番町（現・千代田区五番町）の貸家の隣りが大きなお屋敷で、疎開したあとを軍需大臣が接収して官邸として使っていた。出入りしていたのは、主に中佐、大佐だったが、その様子をつぎのように書いている。

ろくろく食べる物もなく、況やお酒や麦酒はこの前飲んだのはいつであつたか思ひ出せない位である。そのお酒が飲みたくて麦酒が飲みたくて、いらいらする様でもあり、めいり込む様でもあり、匂ひだけでも嗅ぎたいと思ひ、いやいや匂ひだけ嗅いではたまらない。嗅がない方がいいか。兎に角飲みたいと煩悶する。隣りから聞こえて来る聲の中に女の聲が混じつてゐる。二三人か或はもつとゐるかも知れない。みんなの酔罵に調子を合はし、うまい具合に面白くしてしまふ。多年練磨の藝妓である事がすぐわかる。（略）私の家が當番で隣組の組長をしてゐたから、その用事で家内が隣りの官邸へ行き、お勝手口から這入つたら麦酒二打入の箱が幾つも積み重ねてあり、棚の上には月桂冠の壜詰がずらずらと並んでゐたと云ふ話で、私の飲みたくて飲めなくていらいらした気持がなほの事いらついた。(『随筆億劫帳』河出書房)

一九四一(昭和十六)年十二月八日、真珠湾を奇襲して米英との間に戦端を開いていた日本は、翌年一月末までに太平洋に散在する島々に兵員をばらまき終えた。補給もなにもまるで考えていないような、乱暴な布陣であった。五千キロ南のニューブリテン島ラバウルを、南西太平洋の拠点としたが、そのラバウルが三日もしないうちに連合軍の爆撃を受け、防衛の必要上からガダルカナル島に飛行場を建設した。

はじめのうちこそ勢いの良かった日本であるが、陰りが見えはじめるのは早かった。一九四三(昭和十八)年二月のガダルカナルの敗北についで、五月にはアッツ島守備隊が全滅、一九四四(昭和十九)年二月トラック島大空襲、七月サイパン玉砕と続いて、日本の敗色が濃厚になった。十一月からはアメリカ空軍による日本本土への空襲がはじまり、東京の空にも空襲警報のサイレンが鳴るようになっていたのである。

そうして、一九四五（昭和二十）年八月十五日、日本は連合軍の物量の前に膝を屈して、ついに無条件降伏をした。人々は天皇裕仁の震え声のようなラジオ放送を、泣きながらあるいは心の中で笑いながら聞いた。政府は明らかな敗戦を終戦と言って、またも民衆を瞞着するのに躍起となった。

内田百閒は天皇の声を聞いて、流した涙の意味が自分でも判らなかったと言い、永井荷風は疎開先の岡山にいて、闇の鶏肉と葡萄酒で祝杯を挙げた。その「玉音放送」のときを野坂昭如は『アメリカひじき』の中で、こう書いている。

八月十五日、俺は新在家の焼跡の壕に、お袋と妹をかかえ、十四歳の子供がかかえもおかしいけれど、内地で十四歳の男いうたら、もっとも頼り甲斐ある存在、雨降ったら水びたしの壕かい出すのも、断水で井戸まで水汲みに行くのも俺がおらなできへん、お袋は神経痛と喘息で半病人やねんから。今おもうと、重大ニュースの発表あるいうしらせが、前日とどいたんか、当日の朝やったかわからん、焼けても町会はあったし、焼け残った塀のねきにトタンで囲うた家、防空壕の上に三尺ほどの高さの屋根つくって住む人、隣近所けっこうおって、その誰からきいたんやろ、焼け残った青年団の前に三十人くらい集まって、「こら戒厳令ですわ」「陛下自ら陣頭指揮されるのとちがいますか」いい合って、十四日は大阪に空襲あったし、神戸でも艦載機が機銃掃射しよったまさかその翌日戦争終るとは露思わず「ゴタイタメニサク」「シノビガタキヲシノビタエガタキヲタエ」人間ばなれした声を聞いても、一同狐につままれたようなもん、ラジオはその後もう一度アナウンサーが詔勅を重々しくくりかえしたところで切ってしもて、誰も漠然とは、戦争終ってんなと気づいたやろけど、うっかり先に口出しては後の祟りが怖ろしい「和睦でんな、これは」丸坊主がのびかけて、白髪の目立つ町会長がいい、「和睦」の言葉に、俺は大阪城夏の陣か冬の陣、家康と秀頼の和睦を連想し、敗けた実感はなく、炎天の下たちすくんで、しばらくは流れる汗にも気づかなかったんやから、昂奮はしてたんやろけど、そのまま壕にもどり「お母ちゃん、戦争ないようなったらしいわ」「ほな、お父ちゃん帰ってくる？」髪にたかった虱を櫛でこそいでた妹がまずいい、お袋はだまったまま天花粉で、細い膝小僧をマッサージし、「気いつけなあかんよ」しばらくして、一言だけいった。

ところで、筍という植物は雨のあとにたくさん生えてくると言われているが、敗戦後の日本の社会にわっと湧いて出たのは種々雑多な雑誌で、人はこれをカストリ雑誌と呼んだ。

カストリと片仮名で書き表したのは、これがとんだ偽物だったからで、本物のほうは粕取りと書く。日本酒を醸造したあとに酒粕が残るが、この粕を蒸して籾殻を混ぜ、粕が固まらないようにしてから、もう一度蒸籠で蒸す。そのとき出た蒸気が冷えた滴を竹の樋などで受け、瓶や樽に入れたのが本物の粕取り焼酎である。これは日本酒と違って蒸留酒であって、非常にアルコール度が高く四十度以上もあり、火をつけると燃える。

戦後の怪しい店に出回ったカストリ焼酎は、メチル・アルコールを水で割っただけの危ない代物で、本物でないからこそ粕取りでなくカストリとしたのだろうが、これを飲んで目が見えなくなったり、命を失った呑兵衛もあった。このカストリも強くて、三合は飲めない、三合は持たないというのを、三号とは続かないにひっかけて、創刊されてはすぐにつぶれる雑誌を、カストリ雑誌と言ったのである。

さて、篤が戦後はじめて出したのは艶本ではなくて、後藤朝太郎の『自修漢和新辞典』であった。懇意にしている横浜の有隣堂の倉庫に、昭和のはじめころ東雲堂から出たときの紙型が残っているのを見つけたのがきっかけである。五百二十二ページあるこの辞典は、主に小学生に重宝された、使い勝手のいいポピュラーな字引だったから、取り引きのある書店に通知を出して前金を集めた。戦後はじめての辞典とあって、作るはしから売れて、三組あった紙型が擦り切れたほどである。
戦後すぐには戦争末期からの圧制がまだそのままで、親戚の大倉廣文堂には、中山書店、墨水書店、十字屋など六軒の出版社が一緒であった。むろん紙は配給であったが、担当者にちょっと袖の下を使っていい紙をもらうことができた。せっかくだからそれを使って簿記帳を作ろうと思って有隣堂に相談したところが、倉庫に『自修漢和新辞典』の紙型が眠っているのを見つけたのである。

アメリカ占領軍は日本軍の解体と財閥の弱体化をねらって、戦争犯罪人の逮捕・公職からの追放、さらに、財閥資産と活動の制限を強制し、上からの改革と一連の「民主化」政策をもって臨んでいた。しかし、こうした新時代さえも、日本の民衆にとっては新たな生き地獄のはじまりであった。九百万人が家を失い、失業者は千四百万人にも達した。闇値はうなぎ上りになり、配給の公定価格さえも三倍四倍に跳ね上がった。

だが、民主的とは言いながらも戦後すぐの出版は、決して自由ではなかった。連合国最高司令官総司令部（ＧＨＱ）による統制があったからである。ＧＨＱは一九四五（昭和二十）年九月に「日本新聞遵則」また「日本出版法」とも呼ばれたプレスコードを発令し、原爆に関する記事や連合軍への批判を禁圧し、個人的な手紙まで検閲した。こういう事態は一九五二（昭和二十七）年四月のサンフランシスコ講和条約発効によって、プレスコードが効力を失うまで続いた。

また、戦時中の統制によって、二百社ほどに統合・整理されていた出版社は、戦後に統制が解かれると一どきにふえ、戦中からの用紙不足が深刻の度合いを増した。一九四九（昭和二十四）年になると紙の統制は撤廃され、配給や価格が自由になったが、今度は紙価が値上がりして対策に頭を悩まさねばならなくなった。こうした状況は朝鮮戦争による特需の発生などをきっかけとして、戦後の混乱が収まるまで、解決を待たねばならなかった。

アメリカの「民主化」政策の下で、政治犯が獄中から解放され、日本共産党も合法化された。その日本共産党がアメリカ占領軍を解放軍と規定したとき、ブラック・ジョークではないかと思ったインテリゲンツィアも少なくなかったはずであるが、両者の蜜月関係も長くは続かなかった。

一九五〇（昭和二十五）年五月二日、マッカーサーは憲法記念日に寄せた声明の中で、日本共産党の非合法化を示唆した。そうして、六月六日になると、日本共産党は日本の民主化を阻害する暴力集団であると規定し、中央委員二十四人を公職追放処分とし、翌日には機関紙「アカハタ」の編集幹部十七人を追加して追放した。

これに先立つ一九五〇年一月、モスクワのコミンフォルム（共産党及び労働党情報局）は、平和的な手段による社会主義への移行――という日本共産党の革命論を徹底的に批判し、日本共産党は大混乱のうちにこれを受け入れていた。この直後アメリカ占領軍は、二月の八幡製鉄スト中止命令、三月の電産、炭労、全鉱などのスト全面禁止の措置を取り、共産党の非合法化へと続いたのである。
きな臭い雰囲気が日本中を覆い、何事が起こるのかと、日本の民衆は不安な予感におびえた。それが見事に的中し、一九五〇年六月二十五日未明、朝鮮半島の三十八度線で韓国軍と共和国警備隊が衝突して、朝鮮戦争が勃発したのである。戦争が進行するにつれ、日本国内ではレッド・パージの嵐が吹きすさんだ。新聞・放送からはじまって政府機関、民間企業にまでおよび、一万数千人の共産党員と同調者が根こそぎに職場を追われたのである。

このように、用紙がまだ統制下にあった時代に、篤の思うように手に入ったのは、前金で集めた金の力と、袖の下を使ったにしても、平素の人脈の賜物だったのだろう。しかし、鉄道が完全に復旧していないころであり、地方の書店へ送るのには荷車しか手段がなかった。やがて、それも徐々に良くなってくるにしたがい、大手の取次（問屋）から千、二千と『自修漢和新辞典』の注文がくるようになり、篤は後年になって、「僕の作った本の中で一番売れたのではないか」と回想している。このころ使っていた社名は一歩社と言った。

ところで、くだんの辞典の著者である後藤朝太郎という人は、昭和初期の中国通の第一人者と言われた言語学者、書家であった。東京帝国大学文科大学で中国語を専攻し、大学院をおえてからは文部省のあと、台湾総督府、朝鮮総督府嘱託という、抑圧と血の匂いがしそうな肩書を経て、日本大学教授、東京帝国大学講師ともなった。中国の風土を愛し、常に中国服を着て、彼の国の民衆にとけ込んでいた。蒙古、西蔵まで旅をしたが、象形文字の起源を探るため、現地の風物に接する旅だったようである。日本の敗戦の年に東横線の電車事故で死んだが、日中戦争に批判的で、憲兵ににらまれていたからかどうか、暗殺の可能性もあったことを「ウィキペディア」は匂わせている。

それからしばらくの間、篤は辞典や学習書の出版に明け暮れた。そんな篤が艶本の発刊に「復活」を決意したのは一九五〇（昭和二十五）年のことで、きっかけとなったのは、『誹風末摘花』が無罪になったからである——と、「川柳しなの」の坂本篤追悼号はしがきに書かれている。しかし、戦前からこの本が発禁だったことは判っているけれど、戦後五年もたってから無罪になった裁判と篤とは、どうも関係がないように思える。

木屋太郎を編集発行人として鹿鳴文庫から一九四七（昭和二十二）年三月十日に非売品として刊行された『新註誹風末摘花』という本が、猥褻文書として摘発された。その判決が一九五〇（昭和二十五）年八月に東京地裁で出た折り、この本は猥褻文書に当たらないとして無罪になっている。そうして、この本の校訂者の一人柳田何某が、実はのちに篤と深い付き合いになる岡田甫の変名だったのである。だから、これを聞いた篤が、ことのほか励まされただろうというのが、復活のきっかけとしては本当のところであろうと思う。なお、東都古川柳研究会がロゴス社から出版しているものは、判決後のものである。

有光書房

一九五三（昭和二十八）年八月、篤は文京区大塚仲町三六―二〇（現・大塚四丁目三三―四）に有光書房を設立した。事務所ではなく普通の民家を借り、下が住居で二階を編集室としたが、社員は篤を含めて三人であった。

大塚仲町は不忍通りと春日通りの交差する、仲町四つ角の北に位置している。本傳寺の前を過ぎて、かなり急な白鷺坂から北へ入った住宅地で、枡目というほどにきちんと整ってはいないけれど、家が立て込んでいて行き交う人も少ない、なんとなく静かなたたずまいである。

いまの大塚四丁目は都立大塚病院や大塚公園の南になり、不忍通りの向こうに教育の森公園やお茶の水女子大学がある。有光書房の跡地には竹馬コーポという白い瀟洒なマンションがあって、鉄筋三階建てのおしゃれな階段の両脇に三世帯ずつがあり、内部は六畳二つの間に玄関、台所と風呂、トイレのある、いわゆる2Kである。一九八五年の建造というから、篤の没後十数年を経て作られたらしく、ポストに坂本姓も見えるのは、篤の縁につながるどなたかが、お住まいになっているのではないかと、想像することができる。竹馬は篤の字を二つに分けたもので、のちに竹馬文庫というシリーズも出しているが、竹馬文庫と命名したのは斎藤昌三であった、と風俗出版蒐集家の長尾桃郎が、篤への追悼文（「川柳しなの」坂本篤追悼号）に書いている。

文京区には夏目漱石をはじめとして、文人ゆかりの地が多く、有光書房の南西に当たる小石川大塚二五（現・大塚二丁目一八―八）には一九一二（明治四十五）年ころ、歌人の若山牧水が住んでいた。牧水は翌年になると、春日通りをまたいで東の大塚窪町二〇（現・大塚三丁目一四―四）へ移っているが、このころの牧水が嵐山光三郎『文人暴食』（新潮文庫）には、つぎのように書かれている。

翌明治四十五年（二十七歳）、太田喜志（若山喜志子）と結婚すると、牧水の酒は、一転して安定したように見える。「酒無しにけふは暮《く》るるか二階よりあふげば空を行く烏《からす》あり」と酒を休んだ日があることもわかり、また飲めば飲んだで「秋風や日本《やまと》の国の稲《いな》の穂《ほ》の酒のあぢはひ日にまさり来れ」となる。この年、牧水のまわりで二つの事件があった。白秋が松下俊子と姦通《かんつう》事件で市ヶ谷未決監に拘留されたことと、啄木の死である。

もっとも、この時期の篤はまだ十二、三歳で、上京したばかりであり、有光書房も生まれていなかったのだから、牧水に会ったということはない。

さて、尾崎久弥の『江戸小咄本』を出した、と篤は「口伝・艶本紳士録」の中で言っているが、いま一つはっきりしない点があり、この本の存在を確認できない。

記憶に混同があるのではないかと思われるのである。一九三一（昭和六）年に尾崎の同じタイトルの本が金竜堂から出ており、ひょっとするとその本の復刻かもしれない。

尾崎は近世文学、浮世絵、書誌学を専門とする国文学者で、のちには名古屋商科大学教授にもなった、江戸軟文学の大家であるが、はじめは出身大学の国学院で講師をしていた。

『江戸小咄本』の原本は江戸期のものだが、いまの人には判らないような話も出てくる。たとえば、長屋の井戸替えの話があり、井戸の水をすっかり汲み上げて掃除をするのだが、汲み上げる綱の一番前は、力がいるからと言って誰もやろうとしない。事情を知らないまじめな浪人者が一番前を引き、小ずるい下駄職人などは後ろのほうへ回るのだが、こういうことを戦後の人が読んでも、細かいところは理解できない。だから、篤はその辺を除いて一冊にまとめようとするけれど、謹厳実直な学者の尾崎はだめだと言う。貴重な本であるから完全に復刻しないといけないと言って譲らないのである。

尾崎の言うとおりにして、内容見本をこしらえたところで、警視庁が乗り込んできた。尾崎が江戸軟派の研究者だから、猥褻な本であろうと見当をつけたらしいのだが、この本にそんなものは一カ所もない。がっかりした警察は、それでは予約出版法違反で立件すると言い出した。これは一九六七（昭和四十二）年まではあった、明治以来の古い法律だが、予約出版をする場合に定価十円以上の本は、保証金として千円積んで置くことになっていた。しかし、どこの出版社もシリーズ本ならともかく、一冊しか出さないときには、面倒でもあり積まないのが例だったから、篤も放っておいたのだが、そこを突いて警察の面目を保とうとしたに違いがなかった。

結局は罰金二十円ということにして幕を引いた。

有光書房にはこのころから、上京して本を買うだけでなく、篤の話を聞きにくる者が少なくなかった。篤は該博な知識を動員して、噛んで砕いた判りやすい浮世絵の話などをして聞かせた。

「歌麿と国貞では、髪の毛の引き方、手足の指の扱い方が違うんだよ」

実物を目の前にしながらの説明に、聞いた彼らはいちいち納得し、自分の中でなにかが膨らんだ思いがして、なかなか席を立てない思いだったようである。

近刊の本を何冊か買って予算をオーバーしたから、ほかにもほしい本があるけれどお金が足りないのでまたの機会に、などと言おうものなら、

「金なんざ、いつだっていいから。ある時払いの催促なしだ。ほしい本はみんな持ってらっしゃい」

ご機嫌な篤が、そう言ったことがたびたびあった。

ときには酒を持参してやってくる者もあって、篤は大の酒好きであるから、一献傾けながら対座していると、口はますます滑らかになり、つぎからつぎへと話の接ぎ穂が切れるということはなかった。東洋の狭い島である日本だが、その自然風土の中に固有の文化が息づいているんだ、みんなでそれを守り育ててゆきたいなどと話していると、いつの間にか夜の九時が十時になって、ときの過ぎるのを忘れてし

まうのである。

そういうときは、編集室の下にある住まいから、娘のあつ子が、とんとんと軽い足音をさせて上がってきては顔をのぞかせる。

「呑兵衛さん、あんまり過ぎると体に毒よ」

と言って姿を消すと、篤はぺろりと舌を出して苦笑いするのがいつものことであったが、客はそんなやり取りの中に、ほのぼのとしたものを感じるのであった。

また、篤が研究会などで外出するときは、あつ子が付き添ってゆき、会が終わるまで外で待っていたことも、同好の者たちがしばしば目にしている。あつ子は篤の良き理解者であり、同伴者だったのである。

気炎

有光書房設立の年、岡田甫の『新川柳末摘花』を刊行、一九五五（昭和三十）年には岡田の『川柳末摘花詳釈』を、さらに翌年にはやはり岡田の『川柳末摘花詳釈拾遺篇』と相次いで世に出した。岡田は早稲田大学で国文学を学んだ川柳・雑俳の研究者で、のちに「末摘花の岡田」と言われるようになった。本名は千葉治と言った。近世文学研究家の佐藤要人は、これをつぎのように評価している。

特に、岡田甫氏の「末摘花詳解」全三冊は、戦後の川柳研究の黄金時代に差しかかったこともあって、有光書房のベストセラーズの一つにもなった。その緻密な実証主義的注釈は、快刀乱麻の冴えを見せて、新しい研究者の魂をゆすぶったものだった。外に理由はあるにしても、若い研究家の多くが、岡田門に蝟集されるきっかけを作ったのもこの本だったと私は考えている。(「川柳しなの」坂本篤追悼号)

岡田は『詳釈拾遺篇』と同じ年に『柳の葉末全釈』も有光書房から出しており、多作の人だったようである。

同じ年、有光書房は湯浅眞沙子の『歌集・秘帳』を出したが、二月に創刊されたばかりの「週刊新潮」が注目し、タウン欄に「恐るべき肉体短歌」と紹介した。その際、同誌は発行所や著者名、書名も書かずに肉体女流歌人とだけ書いたので、同誌編集部へ読者からの問い合わせ電話が殺到した。その問い合わせをしてきた人の住所氏名を篤の知人がこっそり知らせてくれたので、そこへ内容見本を送ったところが、取次(問屋)からは「あるだけ全部よこせ」と注文がくるようになり、二百三十ページで三百円もする、そのころとしては高い本が、二万部以上も売れた。

　本が出たとき、湯浅眞沙子はすでに故人だったし、経歴がほとんど判らなかった。富山県の出身で日大芸術科に通っていたが、戦争末期に倉橋弥一という男が紹介して、詩人の川路柳虹を訪ねたときは二十歳そこそこの小柄で無口な女性だったという。そうして、結婚して間もなく夫と死別、同性愛に溺れたことやダンサーだったことなどは、作品からわずかに窺い知れるというだけであった。川路が持っていた彼女の原稿を斎藤昌三が持ってきて、それをもとに出版したのだから、謎に包まれたままで、その点がまた受けたのかもしれない。篤の手許には、歌人は実際には存在しないのだろう、出版社がでっち上げたのではないか、という投書もきた。

　反響が大きかったせいで警視庁に呼び出され、短歌の中で四十一首がけしからん、紙型を切り抜いて置いていけ、ということになった。紙型は置いてきたけれど注文はまだくるので、いけないと言われた歌を抜いて新版を作り、再び警視庁から待ったがかかったときには、都合三万部が売れていた。

そのあと、特製版を企画したのは、もちろん問題の四十一首を抜いてない版を作りたかったからである。挿絵を入れることにし、平井通に紹介してもらった、まだ無名の池田満寿夫に二十数点を描いてもらったけれど、出来上がったときには本が発禁になったから、池田の絵は日の目を見なかった。そのあと池田から、金がいるという手紙がきて、稿料の二万五千円は、そのころ池田の妻だった富岡多恵子が取りにきた。

なお、この歌集は皓星社から上梓されており、興味がおありの向きには入手できないものでもない。ついでながら、ここに五首ばかり引用しておこうと思う。

人気なき日曜の昼ひそまりて抱き合ふ床の温かさかな
昼にてもかまはじといふ君ゆゑに頬赤らめて布団敷くなり
蚊帳のなか二人裸のまゝに寝ね灯《あか》りともせば人魚のごとし
五月野《さつきの》の晴れたるごとき爽やかさ情欲《おもひ》充たせしあとの疲れに

眼つむりて君なすま丶に戯れの指に事足るむかしなりしか

一九五七（昭和三十二）年、有光書房は岡田甫校訂による安藤幻怪坊『川柳大山みやげ』、『古川柳艶句選』を出し、竹馬文庫として斎藤昌三『秘情聞覚帳』、正岡容『明治東京風俗辞典』、並木明日雄『詩集たまゆらの歌』、山路閑古『川柳随筆きのうきょう』、離々庵『豆本仲人の贈物』を刊行した。

正岡容は作家、落語、寄席研究家として知られ、六代目尾上菊五郎の座付き作者と言われたこともある。酒好きでわがままな性格、欠け落ちしては心中未遂のほか四回も結婚しているなど、話題は賑やかであった。永井荷風が何回も自宅を訪れて、正岡を感激させたが、永井の狙いは妻の花園歌子だったという話もある。

翌年には岡田甫『奇書』『川柳愛欲史』、富士崎放江『褻語』、山路閑古『末摘花並べ百員全釈』、前田雀郎『川柳探求』、青山緊『川柳明治文壇散歩』、榊原英吉編『明治太平楽府鈔』をつぎつぎと出して、気炎を吐いた。

四

国貞

一九六〇（昭和三十五）年、有光書房は林美一の『艶本研究・国貞』を刊行した。この本は林美一の壮大な構想による、十五冊もの艶本研究シリーズの第一冊であったが、学問的体系として積み重ねた画期的な労作と言われ、今日に至るも高く評価されている。

国貞というのは江戸時代末期の浮世絵の中でも、とりわけ大衆的なものを描いたと言われる、歌川国貞のことで、文化爛熟期に位置する文化・文政時代に登場した画家であったが、非常に息長く創作活動を続け、元治元（一八六四）年、七十九歳まで生きた。歌川派の中でも師匠の豊国と並ぶほど有名な存在であった。一枚絵は三千を超えると言われ、式亭三馬、柳亭種彦、十返舎一九、曲亭馬琴など人気戯作者のベストセラーの挿絵は、ほとんどを国貞が手掛けていた。

江戸時代後期の文学研究者であった林は、国貞の挿絵を目にすることも多く、蒐集していた枕絵も国貞と歌麿が一番多かったことから、シリーズをはじめるに当たって、まず国貞を選んだのだという。また、篤としては、このシリーズからはじめて、ゆくゆくは艶本の書誌をやろうと考えていたのである。

『艶本研究・国貞』は、A5版二百七十ページで、和綴じの丁寧な作りである。ビロードのような布で貼りくるんだ夫婦箱に入れられており、箱の内側には後ろ手に柱へ縛った腰巻一つの女を、竹竿を振るった男が折檻している絵が刷られている。表紙には国貞筆の春画があしらわれているが、この時代は今日と違って春画に寛容ではなかった。表紙の手拭いを噛んで声をこらえている女性は、白いおみ足を開いているけれど、堀口大学が「美学の中心」と詩に書いた辺りは、ちょうど本の背に当たるからなにも見えない。それを覗き込むように腹ばいになっている男が、太い針のようなものを横ぐわえにし、その下に硯箱があるのは、刺青でもしているのか、よくは判らないけれど、裏表紙にはそうした絵が描かれている。

「五大力恋之柵」「花鳥余情吾妻源氏」「絵本開談夜廼殿」「今様三體志」の四つの文章が、もとは筆で書かれていたものを活字に起こしてある。これによって当時の庶民の生活や性風俗を知ることができるのだが、文章の作者は猿猴坊月成著としてあり、ほかに大鼻山人や百垣千研というものもある。しかし、これは猿猴坊の変名であるらしい。絵は言うまでもなく国貞だが、こうした場合の変名である不器用亦平画となっている。文中のあちこちに夥しい数の春画が散りばめられているけれど、表紙絵と同じように部分的に紙を貼ったような細工がされていて、全体を見ることができないのは、今日からすれば残念なことであった。

序文のつぎに林美一による「なぜ艶本を研究するか」という文があり、江戸文学研究に立ちふさがる壁について記している。

江戸文学そのものが艶色的色彩が濃いのだから、完璧に研究しようとすれば艶本の世界に足を踏み入れざるを得ないのである。ところが、ともすれば臭い物に蓋をするかのような態度の者が多く、つぶさに原本を見ることができないのが、これまでの姿であった。図書館や博物館に保存されてはいても、猥褻物として法に触れるのを恐れ、一般に公開しないのはもとより、研究者にも見せないようになっている。しかたなく自分で入手しようとしても、古書店なども同じことを恐れて「ない」と言い、あるいは、私どもでは取り扱わないという態度であった。苦心の末に手に入れたとしても、書名が紛失して付いていなかったり、画家の署名がないものもあり、Aの絵の部分にBの読みがついているものさえある始末である、と林美一は書く。そうして彼は、この文をつぎのように結んでいる。

此の事実が示すように、艶本の研究も、従来の作品研究と、ハッキリと一線を劃して、切離すことは不可能であるし、第一区別すること自体がおかしい。研究の深浅の差がつくことは、致し方ないとは思うが、全然触れないと云うのは、学究の態度としては、誤りだろうと考える。

　私が艶本の研究に踏み込んだのは作家研究を完璧とするために、その全著作に眼を通そうとしたことからであつた。例えば、柳亭種彦という作家を研究しようとする場合、伝説ではあるが、彼の自殺の原因とさえなつたと云われる艶本『春情妓談水揚帳』と、『春色入船帳』に触れずして、彼の作品を語ることが果して出来るだろうか。出来得ること自体がおかしいのである。

　同様に、他の江戸時代の著名作家、画家の殆どが、艶画本に筆をとつている事実に立脚して、私は、そうした逸資料を通じて、江戸時代の作家研究を再検討して見たいと思つたのであつた。

　如上の理由から、本書は、その第一着手として、成つた。予ては、歌麿からまとめるつもりであつたが資料の関係もあつて歌川国貞から先とした。が、画家のみに重点を置いているわけではなく、作家を中心としたものも、幸いにして著者の企てが迎えられれば、今後発表してゆきたいと思う。

刊行の経緯が、右の如くであるから、勢い本書の内容も、書名に国貞とは附してあるが、従来の浮世絵研究書の如く、彼の画の抜粋的な鑑賞のみを、主題としたものではない。飽くまで、江戸廃頽期に於ける艶本の紹介であり、その中の、国貞なのである。従つて、編集の態度は、可能な限り、写真版を多くし、江戸時代（化政期以後）の艶本の体裁を、詳細に伝えることに焦点を置いた。そのために所収の作品は、僅か四部にとどまつたが、他は再度の機会に譲りたいと思う。（以下略）

篤が造本に精魂を傾けて贅沢なものとしたのは、このような林の熱に感じたからでもあった。仕掛絵を入れた特製本三百冊は和綴じで箱に入れ、ラーメン一杯が四十円のころに一冊二千三百円もしたが、注文を取って直接郵送し、洋装の並製本三百冊は書店で販売した。きわどい表現のところは伏字にしてあるが、この種のものの熱心な研究者にとって、その部分も読める完全なものを望むのは当然と言える。

現に別の本で、熱心な研究者から伏字をくれと言ってきたことがあった。そこを考慮した篤は林とも相談のうえ、この本の特製本に限って伏字表を作り、十六ページの参考資料として一緒に送ったのである。ついでながら、参考資料に入れた言葉を二、三拾ってみる。「陰水」「玉門」「まら」などがそれであるが、これは一般的な辞典にも載っている、平凡な単語に過ぎないのである。また、のちに見る「滝川鑑定書」が「公然をはばかり、通常人の羞恥感情を害する」とした用語はつぎのようである。

「おへ立つ一物（もつ）」「互いに気をやり」「玉の陰（かく）し門（ど）」「空われ」「玉鉾」「精汁」「子宮」「四十八襞積（ひだ）」「ふくれかえりし玉の洞（ほら）」「さねがしら」「ぼゞ」「へのこ」「よがり声」「一物」「まら」「さね」「さねの中面」「玉門」「ぬれまら」「あはつぼ（粟粒）」「毛際まで入る一物」「湯開」（「ゆっぴ」または「ゆぼゞ」）「湯上りのぼゞ」「穴さがし」「まらさがし」「朝まら」ｅｔｃ

特製本につけた仕掛絵とはどんなものか、江戸期のものがいまに完全な形で残っているのはまれであるが、これは上下左右に絵を開いて、画面を変えることができるようになっていて、絵が違った場面に展開する楽しみがあった。たとえば、『開談夜廼殿』にはいくつかの仕掛けがある。料理屋の二階の障子に、抱き合った男女のシルエットが描かれていて、その下には別の男が塀からよじ登ろうとしている。そうして、シルエットの部分を右に開くと、塀をよじていた男が出刃包丁を振りかざしており、塀を下に開けば女が転がり落ちる絵が出てくる。心変わりした女を料理屋に押し掛けた恋人が、出刃を振るって殺す場面を描いているのだが、そのうえ、塀の忍び返しには書き置きが貼ってあって、巻き込んであるのを伸ばせば、雨に散る桜の花の地模様入りの薄紙に、びっしりと文字が書いてある、凝りに凝った作りである。

また、長右衛門とお半が、連れ立って伊勢参りからの帰り、松林の中から現れた牛若丸ら五人の若者に襲われ、お半が代わる代わるもてあそばれる。二人は世をはかなんで桂川に身を投げて心中をはかるが、長右衛門だけは生き残る。つぎの日、水死体が上がったのを聞いて長右衛門がいってみると、水ぶくれの死体が幽霊になって立ち上がり、長右衛門の股間を襲う。結局これは夢だったという他愛のない話であるが、長右衛門の姿を縦に開くと幽霊になり、下のほうを左に開けば、驚いてひっくり返る長右衛門になる場面。さらに、炬燵で向き合った女に男が悪さを仕掛ける場面では、布団の絵をめくると裸の下半身が露出する仕組みなど、モノクロではあるが再現して見せている。

仕掛絵を入れるのは非常に面白いけれど、なにしろ製本が大変である。林は迷ったらしく篤に相談したから、ぜひ復刻したいという返事をして、実現したのであった。

しかし、京都に住むある画家の不注意から、伏字の部分を記した参考資料が警察の目にとまり、摘発されてしまったのは夢にも思わないことであった。その画家も江戸軟文学に関心を持っており、謄写版印刷で春本を出すなどしていたが、一枚ものの絵がついているのを折って郵送するにしのびなく、大きい封筒に入れて料金がかさむのを嫌い開封で出したところ、郵便局員が切り口から中を覗いてしまった。そこから通報されて足がつき、画家は京都・九条署の家宅捜索を受けたのだが、彼が『艶本研究・国貞』の並製と特製の両方を持っていたため、参考資料としての伏字表が露見したのである。

画家を拘束した九条署は、三、四日たった日の朝八時過ぎ、そのころは京都にいた林の自宅へきて、昼近くまで四人がかりで捜索をした。そのうえで林を参考人として連れていったけれど、前に一回引っ張られて十日拘束され、罰金五千円だったことがあるのを理由に、悪質と決めつけて留置してしまったのである。

『艶本研究・国貞』と同じ年、篤は高橋鐵『図鑑結婚教室　人性トゥール・ラブ図説』、同じ著者の『本朝艶本艶画の分析鑑賞』、岡田甫『戯談』を出した。

高橋鐵は日大卒の小説家、性風俗研究家。はじめ社会主義に関心を持ったが、のちにフロイトに関心が移り、戦後は性科学を研究した。『あるす・あまとりあ』がロングセラーとなった。

一九五五（昭和三十）年には、神武景気と言われる空前の好況に達していた日本経済は、一九六二（昭和三十七）年までに工業生産において世界一の高度成長を成しとげた。経済的に完全に復活した日本の資本主義は、アジア進出に乗り出すためのアメリカとの同盟関係の再編強化として、一九六〇年の安保条約改定と新安保条約成立を、緊急の課題としたのである。

これをめぐる安保闘争の政治的前哨戦は、一九五九（昭和三十四）年には岸内閣の警職法改悪に反対する闘争へ発展し、十一・五ゼネストを頂点に岸内閣を退陣に追い込む寸前までいった。さらに、十一・二七国会突入デモを爆発点として、未曽有の全国的政治闘争となった。

反対する学生や市民が国会周辺を席巻し、国会議事堂を十重二十重に囲んだ圧倒的なデモの群衆を、長く日本人の心に焼き付けた。全学連の学生が国会に突入した際、東大生の樺美智子が機動隊に虐殺されるという痛ましい事件もあったが、普段は政治に関心のない、声なき民衆と言われる階層が、政治に目ざめ声を上げたばかりか、デモにも参加した画期的な出来事であった。社共指導部を乗り越えた新しい潮流が姿を現しながらも、闘う主体の脆弱性のゆえに、この闘いは敗北を喫したのである。

起訴

一九六一（昭和三十六）年、篤はワ印本五十冊ほどの目録を作って配布し、警視庁に摘発された。このときは礒部鎮雄と一緒で、新築の資金集めに持っているワ印を売ろうと、得意のガリ版で目録を作った。ところが、これを警視庁へ送りつけた者がいて、たちまち家宅捜索を受け、二人とも一晩拘留されてしまったのである。

この年は林美一の『かわらけお伝考』を刊行し、斎藤昌三の追悼文集『はだかの昌三』を出した。

その秋、『艶本研究・国貞』が京都・九条署に摘発され、林と篤の二人が拘引された。警察としては、はじめに林を留置しておいてから、東京で版元の有光書房を押さえるつもりのようであった。だが、篤はたまたま林の家へ電話をかけて、彼が引っ張られたことを知ったから、すっかり準備をして待っていると、京都から三人の刑事が迎えにきた。そうして、篤は大塚警察署に留置され、刑事たちは東京見物にいったようである。

翌日になって京都へ護送ということになったが、手錠をかけるというのに強く抗議をして、手錠なしで汽車に乗った。篤はそれまで何度も警視庁に引っ張られていたが、一度として手錠をかけられたことがなかったから、それを押し通したのである。

このときは二十三日拘留されて、いったんは処分保留で解き放たれた。それを林はつぎのように書いている。

秋色の中を二人で近くの二軒茶屋へゆき、甘酒を飲み、大黒天の形にした金精様を土産に求めた。伏字表は二人で相談して作ったのだから、どちらが迷惑をかけたわけでもないが、留置場の風呂に出版社の主人と一緒に入った著者もちょっと例がないであろう。出版物はあくまで出版社に責任があり、著者は「出版社にまかせた」と言えば責任はないから、滅多に拘引されることなどないからである。(「川柳しなの」坂本篤追悼号)

それから起訴されるまでには一年余の時間がたっている。この摘発について、京都の警察や検察では、大がかりな秘密出版社と密売組織があるという、明らかな予断を持っていたらしい様子である。だから、起訴になるまでの一年余は、証言を集めるために京都、大阪はもとより名古屋、沼津、高松や高知と回って歩き、福岡、長崎、熊本の読者は呼び出して取り調べた。しかしながら、そのうちの一人として猥褻な本だとは言わなかったという。

特製のほうの和本は前記のように布貼の箱に入っており、それを荷造り用の段ボールに収めたのだが、外にはなんにも印刷がないところから、これは大規模な秘密出版に違いないと思い込んだらしかった。けれども、作るほうとしては大変な金をかけて豪華にしただけなのである。

特製本ははじめの版で三百作ったけれど、注文が多く三百冊重版をしたから、都合六百冊が全国に散らばった。警察では全国へガリ版刷りの手配書を送って、伏字表だけでなく、本冊も一緒に任意提出もしくは押収するように指示をした。はじめは伏字表だけだったけれど、途中から本冊も一緒という方針に変わったのだが、本冊は書店の店頭で販売しているものと、仕掛絵を除いてまったく同じで、仕掛絵自体には問題はないのだから、おかしなことと言わなければならない。どうやら検事の強い意向が働いていたらしかった。

中には刑事がきて、あらかじめ書いてきたものに印だけ押させたり、押収するというのを断ったら、預かると言って、預かり証も書かずに持っていくなど、かなり杜撰なことをやったと言われている。

結局のところ、六百冊を買った人全部から一応の調書を取ったけれど、一九六二（昭和三十七）年十二月二十五日になって、京都地検により篤と林の二人が、猥褻図画販売容疑で起訴され、それから、翌年の二月十六日までに追起訴があり、六百人のうち二百七十七人だけが起訴されたのは、検察に都合のいい証言だけを採用したからであった。

その際の起訴状は悪文の典型であるが、つぎのようなものである。

被告人林美一は艶本等の研究著述家で『艶本研究国貞』の著作者であるが、被告人両名共謀のうえ、右図書は性的描写の記述部分が伏字となっているところから、この伏字部に充当する男女性交の場面を露骨に記述した別冊を参考資料として添附した特製本を出版販売しようと企て、被告人林が「参考資料」を記述し、被告人坂本において、右参考資料付の特製本を出版し、別表一覧表記載のとおり、(中略)百二十二名に対し右参考資料付特製本各一冊を一冊二千三百円でそれぞれ東京小石川郵便局から肩書販売先に郵送して売渡しもって猥褻図画を販売したものである。(「口伝艶本紳士録」)

こうした苦境の中でも篤は出版を続け、その年は、斎藤昌三『随筆六九』、高橋鐵『おとこごろし　女における妖魅の研究』、岡田甫校訂『艶句』、林美一『艶本研究・歌麿正続』『東海道艶本考』を出した。翌年には林美一『艶本研究・春章』『好色吾妻鑑・春色六玉川』、田中彦十郎『ずいひつ　縁切寺』を刊行した。

林の艶本研究にある歌麿は、喜多川歌麿で、葛飾北斎と並んで国際的にも有名な浮世絵画家。繊細で優美な筆遣いで女性美を追求した、美人画の大家である。秘画本には「うたまる」と記したものもある。

春章は勝川春章で、江戸中期を代表する浮世絵画家である。立ち役や敵役の男性を好んで描き、写実的な似顔絵を完成させた。勝川派の祖と言われ、のちの北斎など多くの弟子がいた。「初代中村中蔵の斧定九郎」という役者絵や肉筆の美人画でも知られた。

こだわり

一九六四（昭和三十九）年、篤は尾崎久弥編纂による三代歌川豊国の『廓の明け暮』を刊行した。これは尾崎のコレクションにあった五十枚一組の大判画帖で、書名もないものだったが、尾崎がつけたのだという。紫色の非常に凝った尾崎好みの装幀であった。

こうした木版摺りのものは、原画を板に貼って彫るから残らないのが普通だが、どうやら出版されなかったために残ったようである。吉原の朝から晩までが描かれており、お灸をすえていたり、昼日中に遊んでいる女郎同士の姿や、風呂に入っているものもある。また、堕胎の絵がいくつかあって、一枚は中条流の医師の手術、一枚は遣り手婆がリンチをくわえて堕胎させている残酷なものもあるけれど、花魁道中のような華やかな絵は一枚もないところから、発行に至らなかった、というのが篤の推測である。

前にも書いたように、尾崎は江戸軟文学研究の大家で、江戸軟派や埒外本という言葉を作ったのも尾崎だったが、こうしたもののコレクターとしても抜きん出た存在だったと言われている。

戦前の大学では、川柳はもちろん近松や西鶴の研究なども主流から外れていたけれど、そうした中にあって尾崎は、江戸文学のそれも柔らかいほうばかりに手をつけるという変わり種であった。その姿勢を坪内逍遥にほめられ、激励されたのを励みとして、一九一五（大正四）年ころからコレクションをはじめたと言われている。むろん、コレクションには金がかかるけれど、尾崎には小学校五、六年の国語の教師が使う虎の巻の著書があって、これがことのほかたくさん売れたので、その金をコレクションにつぎ込んだようである。蒐集はワ印ばかりでなく、黄表紙、洒落本、滑稽本など江戸文学全般にわたった。コレクションに対しての執着心にもすごいものがあった。終戦直後に中日新聞が浮世絵展をやったとき、尾崎のコレクションから春信の絵を借り出したのは良かったが、展覧会の最中に紛失してしまった。円満に和解したけれども、それから十数年たって、ある会合で関係者が尾崎と顔を合わせたら、こいつは俺の絵を無理やり展示して失くした、と言って詰った。

コレクションというものは、当の本人にしてみれば掛け替えのない貴重なものであっても、家族からみたら、こんなもの、という感じが普通であって、当人が亡くなったりすれば、たちまち鼻紙にされたり、紙くず同然の扱いになるのが定めだと言われる。篤の知る例では長谷川時雨女史の父親が集めたという、嘉永から明治二十年ころまでの風俗を記録した画集があり、時雨女史が『江戸東京実見録』として、五十枚ほどを木版刷りで五十部作ったものがある。貴重な資料なので篤が復刻したけれど、原稿がもっとあったはずだとご子息に聞いたところが、戦争から帰ってきたらなんにもなかったという返事で、憮然としたことがあった。

コレクションをはじめるとほとんど同時に、尾崎は坪内の推薦によって最初の著作『江戸軟派雑考』を出し、これが出世作のようになった。

また、尾崎の妻の千代野が、夫の研究の良き理解者で、尾崎が買ってくる古本は、きちんと整理しておき、錦絵に虫食いの穴が開いているようなものは、裏から同じ紙を貼り、和本の壊れたものは表紙をつけ、それをきちんと保管していた。そんな風だから、尾崎がなにかの資料をほしいときは、奥さんに一言いえば、さっと目の前にそろったものだという。

一九七二（昭和四十七）年に尾崎が死去したあと、生前、研究のために集めた本や浮世絵、手紙類など一切一万三千二百点は、名古屋市に寄付された。同市東区徳川町に名古屋市博物館の分館として蓬左文庫があり、尾張徳川家の旧蔵書が所蔵されているが、その一部として尾崎久弥のコレクションが保存されている。名鉄瀬戸駅で下車し徒歩五分の所にある。

また、同じとき篤は坂田勝校訂による、『未刊甲子夜話』の四巻本を刊行した。

これは、江戸時代後期に肥前平戸藩の藩主であった松浦静山（本名清）が、儒学の師である林述斎の勧めで書いた随筆集で、題名は甲子の夜に書きはじめたことによっている。静山がこの世を辞去するまでの二十年間に書かれたものが、二百七十八巻におよんでおり、田沼意次政権のころから文化・文政期にかけての政治・経済、文化や風俗を知る文献として、今日も重要視されている。

坂田は東京教育大学の研究者であったが、『甲子夜話』に取りつかれたように熱意を持ち、原本を保存している松浦家に紹介状もなしに乗り込んで、閲覧を申し出た。熱意が伝わったたか、松浦家の好意で応接間に上がって読むことを許され、松浦家へ通っては原本を書き写すうちに、松浦家の許可が出て門外不出の原本を持ち出していいことになり、石神井にある自宅の物置を改造した一坪ばかりの部屋で、研究を続けられることになった。なにしろ物置だから隙間があって冬でなくても夜は寒い。足温器を入れ、腰に毛布を巻き、ちゃんちゃんこを羽織って、首には襟巻という姿で、深夜あるいは明け方まで取り組んだ。

大酒飲みの坂田が、この研究のために断酒したと言われ、不明なことがあると三日でも四日でも考え続け、夜中に判ったと叫んで起き上がると、机の前に走っていって書き留めるという日々であった。

こうした、尾崎や坂田のこだわりの熱が篤にも伝わったからこそ、採算をはじめから考えずに本を世に出したのであろうと思われる。

この年は林美一『艶本研究・国芳』『艶本研究・豊国』『艶本研究・春信』『艶本江戸文学史』、前田信二郎『文芸裁判の条理』を刊行した。

国芳は歌川国芳。江戸末期の浮世絵画家を代表する一人で、歌川豊国の弟子、国貞は兄弟子に当たる。役者絵、武者絵、美人画、風景画、戯画、春画といろんな面に才能を示した。老中水野忠邦の天保の改革で、役者絵や美人画が禁止されたのに反発して、「源頼光館土蜘蛛妖怪圖」でご政道を皮肉ったために、幕府から要注意人物としてマークされたが、民衆からは拍手喝采を受けた。

豊国は初代歌川豊国、一陽斉と称した。歌川派中興の祖と言われ、国政、国長、国貞など多くの弟子を持ち、浮世絵において最大派閥を形成していた。清長風や歌麿風を取り入れた役者絵や美人画に独自の境地を開き人気を得た。「役者舞台之姿絵」は四十点で制作されていて好評を博した。

春信は江戸中期に活躍した浮世絵画家で、鈴木春信のこと。細身で手足がか細い、可憐・繊細な美人画を得意とし、優れた錦絵は後世に大きな影響を与えた。抒情的で幻想的な面も持ち合わせた。

艶本につぐ艶本

　これについで篤は、つぎからつぎへと艶本を出していったのである。一九六五（昭和四十）年には尾崎久弥『埒外記』を出し、林美一『艶本研究・広重と歌麿』、岡田甫編『古川柳艶句選』、花咲一男解説『心中恋のかたまり』、神保朋也『大鼻公絵巻　圓山応挙筆』全三巻を刊行した。

　広重は江戸末期の浮世絵画家である歌川広重。役者絵からはじめて美人画に変わり、天保元年からは一幽斎広重と号して花鳥を描き、やがて、「東海道五十三次」で風景画に不動の名声を得た。欧米では大胆な構図と特長のある藍色が好評で、ヒロシゲブルーと言ってもてはやされた。ゴッホやマネなど印象派の画家に影響を与えた。

一九六五（昭和四十）年、日韓新時代を象徴する日韓条約が締結された。アメリカの敗勢を色濃くして、泥沼にはまっていたベトナム戦争は、もはや世界がアメリカの思いのままにはならないことを証明していた。

アメリカのアジア支配の危機という状況下に、これに代わるべき日本のアジア支配が要請されていた。すでに一九五一（昭和二十六）年の予備会談以来、決裂と再会を繰り返していた日韓会談は、一九六五年二月になると急展開を見せて仮調印をした。そうして、日韓両政府は六月二十二日、国内の反対をねじ伏せ、基本条約と関係協定・議定書に遮二無二調印した。両国の国会はそれぞれ与党単独で条約を採決すると、十二月十八日に批准書を交換して条約は発効したのである。

一九六六（昭和四十一）年になると、林美一『艶本研究・重政』『艶本研究・英泉』

『風流玉の盃　大湯山人』『好色赤烏帽子・好色美人角力　桃林堂蝶麿』『珍版・稀版・瓦版』『豆右衛門後日女男色遊』の六冊を続けて出した。林の多作は尋常ではないように思われるが、長年書きためていたものを一どきに出したのではないだろうか。

重政は北尾重政。江戸後期の浮世絵画家。

英泉もやはり江戸後期の浮世絵画家で、渓斎英泉と言い、美人画で知られ春画や好色本も多い。「木曽街道六十九次」では広重と合作したり、国貞とは合作、競作もある。天保の改革以後は可候と号して文筆に専念した。

さらに星野長一『江戸の人形』、住江金之『随筆　酒のさかな』、岡田甫『定本誹風末摘花』と刊行は続いた。

一九六七（昭和四十二）年には、まず伊藤晴雨の『江戸と東京風俗野史』を刊行した。責め絵の画家というイメージが先行している伊藤であるが、こういう風俗画が彼の本領であることは、前のところでも少し書いておいた。この本は「全」とあるとおり、そもそもは六巻、各冊平均五十ページで三百余ページあったものを一巻にまとめたものである。B五版三百五十二ページに索引がついており、布装で晴雨筆の絵を縮小して散りばめた貼箱入りの贅沢な本である。

野史としてあるのは正史ではないからであるが、晴雨自身が見聞きした江戸から明治へかけての風俗を精緻な筆で描いた絵画版の風俗史である。元の版は書き入れてある説明文が、著者のくせのある筆書きであったが、読みにくくもあり、篤は礒部鎮雄に依頼して活字に起こした。

晴雨のはじめの計画では年に四冊ずつ出して、全十二巻の予定だったが六巻に終わった。第一巻は昭和二年初版で障子が主なテーマ、居あい抜き、一人芝居なども盛り込まれており、昭和四年が初版の第二巻は見世物と凧、第三巻（昭和五年）は灯火篇で、提灯、行灯、ランプ、カンテラが描かれ、第四巻（昭和五年）は物売りと行商の姿が面白い。第五巻（昭和六年）は迷信と信仰を扱い、第六巻（昭和七年）は遊戯玩具と煙草盆であるが、当初の目論見には飲食物や江戸の料亭、吉原と岡場所、伝説巷談も含まれていたようである。
自序にはつぎのように書いている。

著者は素より、感傷的、盲目的に江戸を讃美するものに非ず、雷同的に旧幕府を謳歌するものに非ずして、真の江戸文化を讃美するものなり。彼の徒に五月の鯉の吹き流しの亜流を見て、江戸ッ子の典型となす軽佻浮薄の輩の如きは、断じてくみする能わざる所なり。敢て自ら誌して、『江戸と東京風俗野史』の序となすと云爾。

また、巻末には高橋鐵による「後序・晴雨讃」があり、高橋は、晴雨を、お江戸の熊楠なんだと書いたあとに、こう続けている。

しかも、戦前は、若気のあやまちで、晴雨というのは、縛りと責めと「火あぶり」の「鬼熊」的アブ・ラブ親父のように、いささか怖がっていたものですが、それは俗悪な見方に過ぎなかったと後悔しました。

逆説じみてきこえるかも知れませんが、ほんとの晴雨は、次のように五段早替わりの出来る稀代の役者。

筆をとれば粋と啖呵の江戸戯作者。

頭のひきだし一ぱいつまった時代考証家。

人情も礼儀も心得た明治ヒューマニスト。

乱れ髪と哀歓まじえた女体美の情調派。

異常な記憶力をもつ風俗史家。

なお、全編を晴雨自身が楽しみながら描いているようで、あちこちに縛った女など、いたずらを撒き散らしているのが面白い。この本は晴雨の死後に刊行されており、奥付には著作権者として伊藤菊の名が見える。

石版で手摺りした数少ない本で、内容は春画と責め絵の『論語通解』や『獣姦十二支』など洒落に富んだものを描いたのが評判を取り、責め絵で売れるようになって、絵金や大蘇芳年以上と評価する人もあった。弟子が伊藤に描かせた肉筆を貴顕の人に売りさばいたり、お菊さんという娘がマネージャーのようにして暮らしを助けたが、彼女は「責め絵の伊藤」と言われるのを嫌っており、「私がついていたからこそのお父さん」と言っていた。

同じ年、林美一は『開談遊仙伝　落書庵景』『艶本研究・お栄と英泉』『江戸仕掛本考』『金勢霊夢伝』『開談遊仙伝・和国妖狐伝』と矢継ぎ早に出した。

一九六八（昭和四十三）年には、尾崎久弥『珍書愚書』、尾崎久弥校訂・解説『男色山路露』を刊行した。『男色山路露』は上中下の三冊だが、全部そろったものが日本中探しても尾崎の蔵書にしかなく、これを復刻したものである。享保期のもので作も画も西川祐信であった。週刊誌が「天下の男色文献現る」と書き立てたものだから、それまでとは違った読者層に売れ、どれも立派な紳士だったが、つぎの男色本につなげようと思って聞いても、住まいも名前も言わなかった。これに限らず男色本はよく売れたという。

魚沢白骨『柳多留後期難句選釈』は、古川柳界長年の課題である三面子の「難句」を解明したもので、ほとんど全盲に近い魚沢の、二十年にわたる研究成果である。地味で一般向きとは言い難いものを、篤が男気を出し、あえて出版したとして、吉田精一、山沢英雄らに称賛された。

林美一は『艶本研究・北斎』『艶本研究・師宣』『魂胆色遊懐男　江島其磧』と、相変わらずの健筆ぶりを見せている。

北斎は江戸後期の人で葛飾北斎。「富嶽三十六景」や「北斎漫画」で世界的にも有名である。生涯に三万点を超える作品を残したが、雅号を何回も変え、買ったものばかりを食って料理をせず、引っ越しを繰り返し、酒も煙草もやらなければ金にも無頓着で、気位は高く奇行の多い人であった。九十歳まで生きた。

師宣は江戸初期に活動した浮世絵画家で、「浮世絵の祖」と言われている、肉筆画の「見返り美人」で有名な人。

亀山巌は詩人、画家、名古屋タイムス社長という変わり種であるが、『秘画鬼の生と死』を有光書房から世に問うた。この本は日本画家で、浮世絵一筋に生きた、藤田安正という変人の生涯を描いたものである。篤が艶本貧士録の第一に上げるというのがこの日本画家であった。富山県高岡の出身で、篤と同じ年の生まれであるが、終生独身で通した。絵の腕は確かなもので、アメリカの愛書クラブが小泉八雲の『怪談』を日本の出版社に発注したことがあり、文章は英文だが、紙は和紙を使い、挿絵画家としては二人の日本人を指名した。寺崎広業と藤田安正を競わせてテストしたのであるが、寺崎が落ちて藤田が採用されたのである。

彼はあれこれと絵を学ぶうちに浮世絵と春画に強い関心を示し、この二つに打ち込んだ。恰好をかまわない人で、よれよれの羽織を着て、自分の作品など人に見せたいものを詰め込んだ大きな荷物をいつも持って歩いていた。篤が家で食事を出したときに梅干を気に入り、キヨから作り方を教わって作ったり、講談社の食堂のカレーが一番のご馳走であったりした。

篤が最初に依頼した仕事は艶本の表紙で、高くついても木版の手摺りでやりたかったから、藤田に頼んだのである。普通は原画を写真に撮って膜をはがし、それを版木に貼って彫るのだが、日本画家だけあって自分で緻密に模写したものを使った。藤田の長屋は自分の力で建てたもので、十一世帯の彫り師や摺師をそこに住まわせていた。それだけでなく営業に歩いて仕事も保証していたのである。そうして、自分は別棟の床が落ちたような家に入って暮らしていた。十一世帯は独立したりだんだんに離れていったが、最後に残った二人の老人はともに無形文化財保持者で、一人は明治の春画における名人と言われていた。

一九六四（昭和三十九）年の二月になって、長屋の住人が藤田の家の牛乳瓶が毎日ふえていくのを不審に思って入ったところ、すでに死後何日かが経っていた。変死ということで警察がきたにはきたが、部屋中が春画だらけだったから、検視どころではなくなった。梅干しと糠漬けだけでご飯を食べていたので、栄養失調からの心臓疾患というのが死因だったようである。
ついで、大村沙華『川柳浄瑠璃志』、向井信夫『江戸東京実見画録』を刊行した。

日本の支配層にとって、七〇年安保は日米同盟を中軸とする戦後体制の総決算としてあった。七〇年へ向けての攻防は、すでに一九六七（昭和四十二）年十月八日、佐藤首相のベトナム訪問に反対する羽田闘争によって、火ぶたが切られていた。第二次羽田闘争、佐世保エンタープライズ入港阻止闘争、各地の米軍基地への果敢な闘いは、沖縄返還をめぐる諸々の闘いとともに盛り上がりを見せ、日大、東大を先駆けとする大学闘争も百を超す大学で果敢に展開されることになる。新しい潮流として全共闘、それと呼応する反戦青年委員会の青年労働者など、いわゆる、新左翼と呼ばれる戦闘的な勢力が公然と登場し、日本中が騒然としていた。

一九六九（昭和四十四）年、林美一『珍版我楽多草紙』、磯部鎮雄『明治風俗末

摘花』、ドゥニ・ディドロ　新庄嘉章訳『お喋りな宝石』を刊行した。

一九七〇（昭和四十五）年になり、まず岡田甫校訂『全釈江戸三大奇書』を刊行した。ついで三面子の『狂句集』を出した。三面子は岡田朝太郎博士が、古川柳を研究・著述する際の号であったが、博士の専門は刑法で、早稲田大学の講師や明治大学の教授であった。平素は非常に堅苦しい学者である反面、古川柳研究家としては第一人者と言われている。三面子を岡田甫の変名と書いているものがあるが、そうではない。

能勢克男の『文芸わいせつ裁判』を刊行し、星野長一『明治裸体写真帖』、亀山巌『偏奇館閨中写影』を出した。

星野は人形の収集家として知られており、それも御所人形とか宮廷の人形などではなく、江戸庶民の人形を集めたことで評価が高かった。当たり前に見ればごく普通の人形であるが、はめ込みを外すと男女和合の立ち雛になっているという、江戸庶民の信仰と呪術から生まれたようなものが多かった。親の代からの写真師で、文学青年でもあり、日本水彩画会の会員であって絵心があったから、ワ印の蒐集でも国芳の蛇の絵に弁天様が隠れているような珍しいものを持っていたりもした。

一九七一（昭和四十六）年に篤の刊行したものは亀山巌『中野スクール』と安田剛三『画狂北斎』だけであった。

一九七二（昭和四十七）年九月、篤は流行作家・梶山季之の雑誌「噂」に竹中労を聞き手として「口伝・艶本紳士録」の連載をはじめた。これは翌年、『艶本研究・国貞』に有罪判決が出たのちまで続いて、一九七九（昭和五十四）年に三一書房から『「国貞」裁判・始末』として出版された。

この対談の中で篤は、「おとっとき」という言葉を使っている。これは甲州弁であるが、対談の相手が甲府中学出身の竹中労だったから、普通に通じてなんのこともなかったけれど、江戸っ子を気取っている篤の口から、ついぽろりとこぼれた甲州訛りであった。ちなみに、この言葉の意味は、特別に大事な、秘蔵の…などというところであろう。

この年は林美一『秘本を求めて』、『江戸仕掛本考』、亀山巌『とちちりちん』、平井通『おんなずもう　見世物女角力志』を刊行した。

平井通は江戸川乱歩（本名・平井太郎）の弟だが、大阪時代に知り合っていた。ミステリー作家、豆本作家、性風俗文献蒐集家だが、非常な変人として知られており、『娼女《おやま》の秘呪《まじない》』という著書もあった。『おんなずもう』は戦前に出たものの復刻で、本文は宋朝体和綴じという変わった本であるが、黄表紙にある女相撲の絵を表紙にし、平井の一周忌にちなんでの出版であった。

ちなみに、女相撲というのは、文字通り女が相撲を取るのだが、明治中期以後に山形など東北に多かったらしい。中には上半身素っ裸の大関や関脇もいたようである。竹中労は、ただグロテスクという印象しかないと言い、篤は関東大震災前に横浜で見たが、いまのストリップのほうがすごいと語っている。

この年は沖縄が「祖国復帰」した年である。太平洋戦争末期にアメリカ軍が上陸してからというもの、日本から分離されていた沖縄であったが、一九五一（昭和二十六）年のサンフランシスコ条約により、アメリカを唯一の施政権者とすることが合法化されていた。いわゆる「アメリカ世《ゆ》」である。しかし、「復帰」してのちも、アメリカ軍は農民を抑圧して広大な土地を占拠する暴力施設を居座らせ、沖縄民衆の上に君臨し続けた。常に日本は沖縄を切り捨てて生贄とすることにより、自身の延命を図ってきたことを思うならば、この「復帰」はどこへの復帰であるべきだったのか。この問いかけは今日も重く日本の民衆の頭上にのしかかっているはずである。

敗訴

一九七三（昭和四十八）年四月十二日、『艶本研究・国貞』の猥褻文書販売・猥褻図画販売事件が、最高裁判所第一小法廷・下田武三裁判長により、刑事訴訟法四〇五条の上告理由に当たらないとして、「本件各上告を棄却する」という判決が出た。これで有罪が決定し、篤に十万円、林に五万円の罰金刑が確定した。

一九六二（昭和三十七）年十二月に京都地検により起訴されてから、篤と著者の林は、憲法で保障されている表現の自由を盾に闘ってきた。遺憾ながら一、二審とも検事の起訴事実どおりの有罪判決が出たため、これを不服として最高裁判所に上告していたのである。

しかしながら、この裁判は『艶本研究・国貞』がどうのこうのと言う前に、検察の根拠のない予断に基づいていた。彼らの言う、けしからん本を秘密に販売する出版組織だから、根本から断つという意思を、裏に隠した不当な裁判である。今日の常識から言えば『艶本研究・国貞』は、猥褻とは言えない性質のものであって、摘発されることはないと、専門家ならずとも判るレベルのものであった。

はじめ京都地裁に呼び出された証人は、この本を買った者二十人ばかりであったが、一人としてこの本を猥褻図書だとは言わなかった。自分の側に有利な証言の欲しかった検察は、京・大阪ばかりではなくほかの地域の証人からも証言を得たいと主張した。このため、名古屋、沼津、東京など、前記の各地をめぐって、検察の「地方巡業」が展開されたことは前にも書いた。だが、一人を除いて検察に有利な証言をした者はなく、そればかりか警察での自分の調書とは違う証言をする者があって、実は警察官が作文した調書に判を押さなければ、今夜は返さないと言われたことなど、取り調べの杜撰さが暴露されたりもした。

そこで検察側は鑑定人として滝川春雄・大阪大教授、大野真義・同助教授を申請したが、わずか二百字詰め七十五枚の鑑定書が出るまでに二年三カ月もの時間がかかった。概略を言えば、たとえ全体的に見て芸術性、科学性のあるものでも、部分的に猥褻な所があれば全体も猥褻であるという鑑定であって、驚くべきは鑑定人の著書、すなわち学問的立場とは正反対というひどいものであった。

滝川の著書と鑑定書の違いをつぶさに見るために、つぎのように引用しておくことにする。

「しかし、相対的猥褻文書の観念が押し進められる場合、それは、やはりなお表現の自由、学問の自由を抑圧する危険をもたらすおそれがある。従って、猥褻性の有無は、やはり当該文書自体について考えるべきである」

（滝川春雄『刑法各論』より）

「一般的に見て、文芸作品における猥褻概念の法律解釈上の意識を明らかにすることは、甚だ困難なことである。所与の素材を客観的に評価判断するに当り、作品それ自体の取り扱い方、及び一般社会への受け取られ方が、現実に問題となる。本罪が社会的法益の一つたる性生活に対する善良の風俗を保護法益としている限り、かかる配慮は理由があり、相対的猥褻文書の理論は、その具体的妥当性と本罪のもつ社会性を重視した点が優れている」(「滝川鑑定書」より)

(『「国貞」裁判・始末』から重引)

竹中労によれば、こうした鑑定判断のやり方は、イギリスのヴィクトリア王朝時代のヒックリン原則であるという。それはチャタレイ裁判の判例にもなっているけれど、一カ所でも猥褻部分があれば全体を猥褻とする判定である。そうして、この鑑定書はドイツの刑法学者・ビンディングの『相対的猥褻論』を悪用しているのだ

が、それは滝川の著書の中で否定されているのだから、この鑑定書は詐欺に近いものだという。(『「国貞」裁判・始末』から)

あまつさえ、この鑑定書は学問的資料としての『艶本研究・国貞』を、こともあろうに温泉地で売っているエロ本と同列に扱って論じた。

この本の持つ学問的資料としての価値、それに即した筆者、出版者の姿勢についての篤と林の主張は、一切考慮されることなく無下にされたのであるが、こうした杜撰な鑑定書がのちの判決を導くのに大きな比重を占めたのである。

一審の弁護側証人としては、東大法学部の奥平康弘助教授(当時)、京大法学部の中山研一助教授(当時)、江戸文学研究家の尾崎久弥、性心理学者の高橋鐵を用意した。万全の態勢で刑法一七五条の猥褻罪が、表現の自由を侵す危険性を主張したが、むなしく退けられ、篤と林に罰金刑が下った。すぐに大阪高裁に控訴して、これが棄却されると最高裁に上告したものが、不当にも棄却となったのである。その際、最高裁は「上告理由に当たらない」としたが、なぜ当たらないのかという説明はなかった。
ここでは、被告側の主張として、坂本篤陳述書の抜粋を引用しておこうと思う。
それはつぎのようなものである。

警察官をはじめ検察官等審議をなさる方々のいずれもが、どうもこの本の性質というものに理解がなさ過ぎると思います。これは今まで取調べを受けていての実感です。

艶本研究がどういうものであるか、さっぱりお解りにならない。第一お読みになれない。

一例をあげれば女偏に取という字があります。これなど少なくとも法制史の一端でも覗っていれば知っている筈の文字でしょう。娵（ヨメ）と読みます。女を取る、即ち略奪結婚を表していましょう。往年刑法学者であり、古川柳の研究家であった岡田朝太郎博士に川柳、艶本に関するお話を伺ったときにも、法律家は条文解釈だけではだめだ、広く研究していないといけないと申され、秋の夜長を忘れて語り明かしたものです。

この字なども艶本には屢々出て来ています。先年最初に調べられた検事さんもお解りにならず、私に聞かれる始末でした。

このような言葉の存在する上からと、もう一つは書誌学的な立場からも、風俗史、土俗学の上からも、艶本研究の必要があるのです。(中略)

ご覧のように『艶本研究国貞』は、まず国貞の伝記、国貞の全艶本作品の解釈が書誌学的になされています。この解説で国貞の全作品の大要が解り、次に資料として「五大力恋の柵(ごだいりきこいのしがらみ)」「花鳥余情吾妻源氏」「開談夜の殿」「今様三体志」が付してあります。これで作品の大要が視え、然して「参考資料」により、その本の本来の完全な姿を知ることが出来るのです。(中略)

このように諸外国では完全に学問として発表されております。反対に本家本元のわが日本では今回のように「参考資料」をわいせつとして罰しようとしています。よく検察官が指摘される性行為の言葉などは、諸外国の性科学者は日本語の表現が一番適切であるとして採用していることは、過般の高橋鉄証人の実証するところであり、これをよく吟味して頂きたいと思います。また性科学者でない証人が申すように、この誇張された表現には滑稽を感じても性的昂奮を感じておりません。

このように性行為の表現語でさえ外国人に研究されているのに、吾々日本人には研究しようにも、その資料となる艶本の発表、原本の復刻さえ認めてはいない現状です。これでは学問の発展は望めないと思います。

浮世絵、艶画に限らず、日本人は外国人に指摘されて、われわれ祖先の偉いところを知るような始末です。（以下略）

この年は岡田甫『絵入川柳京都めぐり』、林美一『あんばいよしのお伝』、斎藤昌三『三十六人の好色家』、浅川征一郎『色里町中はやり唄』を刊行した。

浅川は明治大学商学部に在籍中に、有光書房でアルバイトをしたことから出版界に入った人で、のちに篤の没後、太平書屋を設立、江戸軟文学、狂歌や狂詩の珍しい本に光を当てたとして評価されている。

五

晩年

一九七四（昭和四十九）年、篤は七十三歳になっている。このころは歯が順に抜けてほとんどなくなっていたが、ポパイのようにと言った人もある口を、もごもごと動かしたと思うと、若いころからの知識や経験から得たものを、ほとばしるようにまくし立てた。

この年は岡田甫校訂による『兼好今法師志道軒徒然夢物語夜講釈』、林美一『かみがた恋修行』、亀山巌『モンポルノス』、くるわのすみんど『お江戸謎づくし』、花咲一男『川柳雑俳岡場所圖繪』、水木内箭『雨譚註川柳万句合』を刊行した。

花咲は近世庶民文化や近世文化風俗の研究者、水木は折口信夫門下の国文学民俗学研究家で帝塚山短大教授であった。

一九七五（昭和五十）年になると、林美一解説『好色土用干』、亀山巌『神の貌または創世記私注』、佐藤要人解説『西村重長・鈴木春信　絵本江戸土産』を刊行した。

翌一九七六（昭和五十一）年には、林美一『艶本研究・清長と春潮』、水野稔『山東京伝の黄表紙』、綿谷雪『江戸座高点句集俳諧けい一枝筌詳釈』、宮武外骨『わいせつ廃語彙　わいせつ風俗史』、田幡丈夫『艶色浮世絵工芸美』を世に出した。

清長は鳥居派四代目の鳥居清長。天明期を中心に活躍した人で、春信、歌麿、写楽、北斎、広重と並んで六大浮世絵師の一人に数えられる。八頭身の美人画で有名であるが、美人画と黄表紙挿絵が多かった。

春潮は勝川春潮。春章の門人で、安永から寛政にかけて活躍したが、生没年は不詳。美人画が得意で清長と人気を二分したほどであった。柱に飾るために細長い画面の柱絵が多い。

こうして出版されたものを見ていると、それを世に出した坂本篤も元気のように思えるが、ここ数年は少しの風邪でもしばしば休むようになって、仕事は社員任せになっていたところがある。何年か前に老人性の結核にかかって以後は、たびたび体調をくずしていたが、まして奥さんのキヨに先立たれてからは、気力も以前のようではなくなっていた。ふくよかな体躯のキヨは篤のやることに鷹揚だったが、近年は酒量をうるさく言うようになったので、篤は犬の散歩にかこつけて居酒屋で一杯ひっかけたりもしていた。

有光書房から本を出した人の数は多いが、斎藤昌三、高橋鐵、尾崎久弥、岡田甫など、いずれも数冊止まりでそれ以上にならなかったのは、篤の印税の支払いがルーズだったからである。契約を結んで出版するということでもなく、印税をこれこれ払うとはっきり約束をしなかったようで、催促すると払うという風であった、と林美一が書いている。

したがって、文筆で暮らしている人にとって、印税が当てにできないのは由々しきことであって、ほかの出版社へ移っていかなければならなかったのである。

林美一は全著書の六〇パーセントを有光書房から出しており、『艶本研究』シリーズだけでも十五冊あるが、十七年間にわたって一度も印税を精算されたことがなかった。たとえば岡田甫などから「もういい加減に手を切ったらどうか」と言われたこともあったが、それでも有光書房から出していたのは、篤との間で『艶本研究』シリーズを完結させるという約束があったからである。資料蒐集のために篤も夥しい出費をしているから、有光書房での出版は二人の共同研究の場であった、と林は篤追悼号となった「川柳しなの」に書いている。

そこから林の書いているところを引用すると、つぎのようである。

坂本氏の、江戸艶本に対する見聞の広さは、もとより私などの比ではなかったが、その見聞による旧来の江戸艶本への常識が、つぎつぎと私の研究によって打ち砕かれ、新しく組み立てられてゆく経緯に「フーン、フーン」と嘆声を発しながら、その解明への興趣も手伝って、次々と私の著書を出版してくれたものと思う。この研究は、大出版社との契約では、到底永続出版の不可能なものであった。有光書房という小規模な理解ある出版社なればこそ、十八年にもわたって収益を度外視して続巻しつづけた得た企画であった。

その意味では、私にとって実に有りがたい出版社であったし、手を切るなどは夢にも考えたことなどなかったが、なにしろ物価高で年々坂本氏の仕事だけでは、生活ができなくなるのには弱った。勢い他社の仕事をふやすことにもなるし、時代考証という新しい分野にも積極的に係わるようになる。その合間に有光書房の原稿を執筆するということになるので、急速に同書房からの刊行点数は、減少の一途をたどった。早く書きたくとも、生活にゆとりが出来ないから、他社の仕事にのみ精を出しているような結果になり、遂に今日を迎えることとなってしまった。

一九七七（昭和五十二）年九月六日に、篤は大阪読売テレビのイレブンＰＭに出演した。藤本義一と歌麿の錦絵について対談したのである。

周囲の者には、また風邪かと思われていた篤の体調であるが、この秋にはいっこうに回復することなく、ついに十月二十七日、千葉県松戸市の松井病院へ入院した。神経痛のような症状が出て、十二月に入ると右半身が麻痺した。右手、右手と言ってしきりに気にするので、看護していた娘のあつ子が、篤の左手を取って右手をつかませたりなどしていた。

十二月十七日午後になると高熱が出て下がらず、今夜が峠と前日に言われていた友人で、「最後の教え子」と言われた野沢清治も付き添っていた。

篤の臨終を野沢が書き留めた文には、つぎのようにある。

十七日、顔色は良いが呼吸が増々早くなってきた。最後の熱との戦いで、熱は二時三十分三十九度七分、三時二十分三十九度、四時二十分三十九度一分、相変わらず熱が高い。脈拍は百三十以上となった。咽喉にタンがつかえて来た。あつ子さんが新しいガーゼを取って来た。私は坂本さんの手を握って脈を見ていた。突然大きく「ググー」とむせんだ。あつ子さんが「もうだめよ！もうだめよ！」と大声を出した。其の時あれ程早かった脈がピタリと止まった。

午後四時五十九分。死因は肺がんで、のちに病理解剖をした際、脳に二カ所転移していたことが知れた。享年七十六歳。

篤誉浄光信士となった篤を囲んで十九日に親族による密葬、二十四日午後二時から豊島区雑司ヶ谷の崇祖堂（鬼子母神）で告別式が行われた。葬儀委員長の日野光雄が病気で来られなくなったため亀山巌が代行した。遺骨は千葉県松戸市の東京都立八柱霊園に納骨した。

この年には尾崎久弥『珍本駄本』を出し、佐藤要人の『絵本水茶屋風俗考』を刊行していたが、佐藤のこの本が最後の出版物になってしまった。

林美一『艶本研究』シリーズの『新・国貞』は組版中で、まだあとに『佑信』『湖竜斎』『北斎と重信』『政信』が残っていた。『新・国貞』は林が責了にして紙型を取り、印刷会社へは月々の分割で払うことにした。同じく組版中だった『為永春水の研究』はのちに浅川征一郎の太平書屋が引き継いだ。

終わりに

以下は坂本篤と竹中労の架空対談である。場所は東京都文京区大塚四丁目、有光書房の二階にある編集室としておこう。

「ろうさんと呼んでいるけれど、正しくは、つとむと言うんだったね」

「そう、労と書いて、つとむ。親父がつけた名前でして、親父はご存知でしょうけれど、江戸川乱歩なんかの探偵小説に挿絵を描いていた英太郎です。若いころはアナーキストだったけれど、私が生まれたころは、ちょうどアナからボルへの転換という時代でして、親父もボルシェヴィキのほうに変わった。それではじめは乱とつけようとしていた私の名前を労にしたという」

「労さんは甲府中学だったんでしょ。お住まいはどちらだったの」

「私は甲府と言っても、高輪中学から甲府中学へ転校したの。甲府にいたのは、それから四年修了で中学を追い出されて東京へ出るまでの間です。坂本さん、お生まれも育ちも下府中でしたでしょ。ぼくは上のほうの御納戸町」

「東京へ出て、いまの外語大ですか、それでずっと東京」

「いや、戦後の一時期は甲府で親父がやっていた、民同の労働運動を手伝っていたころがあります。藤伝より西の繁華街に事務所があった」

「それでまた東京へ出て、いわゆるトップ屋になったの」

「すぐにトップ屋になったわけじゃありませんが、それで、著名な人たちにたびたび会うでしょ、そうなってからぼくは思った。一流というのもこの程度のものかってね」

「明治三十五年の話だけれど、落合直文ね、落合直文と言ったら国文学の権威ですよ。その落合が、高等女学校の国語読本に四ツ目屋の話を入れちゃった」

「四ツ目屋と言うのは淫具だの強精剤だのを売っている、あれでしょ」

「そうそう、彼は知らなかったんだね。それで田舎の教師から四ツ目屋というのはなにかという問い合わせがきちゃった」

「おやおや」

「ところが文部省のお役人が、そろいもそろって誰一人ご存知ない。こりゃあまずいやね。調べて判ってから大騒ぎさ。権威とか言ったってもこの体たらく。だから、いま言った労さんの見識は正しい」

「これはどうも」

「国貞裁判のときに知ったけれど、検事が、彼らが猥褻と決めつけたものの中に読めない字がありやがんの。これはなんて読みますか、なんてね、被告の私に聞くんだ。検事って言えば、そりゃあすごい大学を出ているはずが、これなんだ」

「大学でなにやってたんだか。羽仁五郎先生が言ってましたけれど、こういう連中は、六法全書になにが書いてあるかは実に克明に知っているけれど、人情の機微なんてことになると、てんで判らないんだって。大学教授だって専門馬鹿だと思っていたら、馬鹿専門だったたって」

「警察官になると、検事よりずっと程度は悪いからね、とんでもないのがいるよ。京都から私を逮捕しにきた二人ときた日にゃあ、私を大塚署の留置場に入れておいて、その日は東京見物ときたもんだ。どこそこは良かったなんて、あとで話してるんだ」

「国貞のときは、証言集めに検事があっちこっちへ出張したんでしょ」

「温泉地だったと思うけれど、奥さん連れてったやつもいた」

「あらら」

「あとで判ったんだけれど、証拠として押収した国貞の特製本を、古本屋に売ったやつがいてさ、これは検事じゃなくて警察官なんだが。もっとも、戦争中なんざあ、もっとひどかったんだがね。特別高等警察なんて言ったたって、高等小学校程度さね」

「ところで坂本さん、これだけ権力に刃向かってやってきたのに、政治的発言も行動も、まったくありませんね」

「うん。ノンポリ（笑）。アカだって言われたこともあったけれど、あれは左翼の梅原北明とのからみでね。しかし、思想的に共鳴して彼と組んだわけじゃないから」

「その辺が合点のいかないところなんですよ。権力がワ印を取り締まる裏には、そういうものの中に、現体制を揺さぶりかねないものがあるのを、彼らは嗅ぎ分けているからなんですけれどね。本当のところは」

「どうも、そういう難しいことは判らないねえ」

「いや、百も承知でやってるんじゃありませんか。そうでなけりゃ、ここまでワ印にこだわるというのが、そういう本屋が一軒くらいあっても、という理由だけじゃないでしょ」

「だからと言って金儲けでやってるんじゃない。そりゃあ中には金を儲けてやろうと思ってるやつもあるけれど、いけねえよ。儲かりゃしねえし、必ずいつかは引っかかるからね、こんな損な商売はないやね」

「それでですね」と、突然に著者がしゃしゃり出ると、こう言って消えた。「その時々の時代背景は、判りやすいように書き込んでおきました」

「それはどうもありがとう。お持たせだけれど、この酒は確か甲州の地酒だよね」

「甲府の友だちが送って寄越したんですよ。七賢という銘柄。竹林の七賢の七賢」

「酒の王者なんてラベルに書いてある。自分で言っちゃあいけないだろう。竹中さんはあんまりいけない口なの」

「いや、医者がうるさくって。ぼくのような不規則正しいのは良くないって言うんですよ」

「どうもこれじゃあ、亭主八杯客一杯になっちゃった」

そのとき、階段のほうからとんとんと軽い足音がして、あつ子が顔をのぞかせた。

「呑兵衛さん、過ぎると体に毒よ」

そう言うとすぐに顔を引っ込め、あとを閉めるのと、篤がぺろっと舌を出すのが一緒だった。

「ところで坂本さん、われわれはどこへいくんでしょうね」

「さあ、前へ回って鰻に聞いてくれ、か（笑）」

「ここは確か大塚四丁目でしたね」

「いいや、ひょっとすると地獄の三丁目かも知れん（笑）」

「そうか、いまのような世の中じゃ、われわれは天国や極楽へはいけないんだ」

「生まれ変わり、生き変わり…」

「鉄鎖を砕くその日まで…」

遠くから鴉の声が聞こえて、外はゆっくりと暮れていくようである。


——忘月忘日——

参考資料

■参考文献

坂本篤　竹中労「口伝・艶本紳士録」徳間書店　月刊「噂」所収　昭和四十七年九月から四十八年十二月

林美一、坂本篤、竹中労『「国貞」裁判・始末』三一書房　一九七九年七月三十一日

有泉貞夫『山梨の近代』山梨ふるさと文庫　二〇〇一年二月三日

佐藤森三編『甲州　郷土と人』佼成出版社　昭和四十五年六月二十五日

河西秀夫『江戸時代後期の甲府街並み復元の試み』山梨学院大学現代ビジネス研究所収　二〇一四年二月一日

備仲臣道編著『山梨県立甲府中学校・山梨県立甲府第一高等学校百年誌』山梨県立甲府

第一高等学校同窓会　平成四年五月二十二日
「川柳しなの」昭和五十四年六月号　しなの川柳社　昭和五十四年六月二十五日
永井荷風『摘録断腸亭日乗』岩波書店　一九八七年七月十六日
内田百閒『随筆億劫帳』河出書房　昭和二十五年四月二十五日
嵐山光三郎『文人暴食』新潮文庫　平成十八年一月一日
斎藤昌三『三十六人の好色家』有光書房　昭和三十六年五月
『はだかの昌三』有光書房　昭和三十六年五月

■坂本篤年譜

一九〇一（明治三十四）年

九月六日、山梨県甲府市連雀町に、坂本謹四郎の長男として生まれた。父謹四郎は代々内藤伝右衛門を名乗った、「藤伝」という甲州きっての版元兼書籍商に連なる血筋である。「藤伝」は二代目伝右衛門のときに、山梨日日新聞の前身である『峡中新聞《こうちゅう》』の発行元となった。謹四郎が母方の坂本家へ養子に入ったため坂本姓ではあるが、篤は終生この出自を誇りとしていた。

この年、社会民主党結社、即日禁止となる。

一九一四（大正三）年

大正のはじめころから神田区黒門町一四、日本橋区西河岸町一五、京橋区松屋町二ー一を転々として印刷業に従事していたが、十四歳のころ、謹四郎が病に倒れて入院したために、いとこの嫁入り先である京橋区京橋一丁目八の大倉廣文堂という出版社に預けられ、義兄の許で小僧となった。のち編集主任。

このころ、自分で活字を組んで、俳句の自費出版を試みた。

この年、日本はドイツに宣戦布告して第一次大戦に参加。

一九一七（大正六）年

このころ、古川柳のうち「ばれ（破礼句）」といわれる性的川柳ばかりを選んだ『誹風末摘花』を読んだことから、江戸軟文学に関心を抱いた。のち、震災後に最初の『誹風末摘花』を上梓した。

この年、ロシアで革命。

一九二三（大正十二）年

斎藤昌三が豆本形式の趣味雑誌「いもづる」を創刊した。

九月、関東大震災。

一九二五（大正十四）年

梅原北明が「文藝市場」を創刊。

一九二六（大正十五、昭和元）年

坂本書店出版部から、本山桂川を編集者に南方熊楠の『南方閑話』を発刊。次いで、中山太郎の『土俗私考』にはじまる「閑話叢書」の刊行を開始した。佐藤隆三『江戸傳説』を刊行。

このころ、「性の表徴叢書」を企画、内容見本が発禁となって罰金五十円。大正天皇の喪中を狙って、「性の表徴叢書」の澤田五倍子（本名四郎作）『無花果』を出した（十二月八日）。

一九二七（昭和二）年

篤、はじめてストリップを見た。このころはダンス芸者と言っていた。

「文藝市場」は、この年六月号から猟奇的色彩を強くしていった。

佐藤紅霞『川柳変態性欲志』、山中共古『共古随筆』、宮武省三『習俗雑記』、磯清『吉備暖語』、石角春之助『変態的婦人犯罪考』を温故書屋として刊行。

昭和二、三年のころから、玉の井など私娼窟で、スケッチ会や花電車が盛んになった。

一九二八（昭和三）年

梅原北明『グロテスク』を創刊、エログロナンセンスの嚆矢となる。

神田区表神保町一〇に坂本書店の事務所を設立した。警察の手入れの際には、二階の軒先へ白足袋を干して外来者に合図をした。のちに麹町区飯田町二―六三、同区九段一―一〇、中央区宝町二―一二などに移転。

伊藤晴雨『責の研究』を刊行するが発禁となり、伊藤とともに市谷監獄に収監された。

佐藤紅霞『談性』、石角春之助『夜這の巻』を刊行。

宮尾しげをの『浮世小咄』を昭和山人著として刊行。版元を下白壁町十三艸文書堂と、違うものにしたのにかかわらず、変な所から足がついて摘発されたので、上諏訪、甲府、河口湖などへ逃亡、結局のところ罰金二百円。

この年三月、日本共産党員が大量に検挙された三・一五事件。全県に特高警察設置される。

一九二九（昭和四）年

このころ、宮武外骨の『千摺考』を入手し、謄写版で復刻した。

一九三一（昭和六）年

斎藤昌三が書物展望社を創立した。このころ、篤はエロ写真集を売って摘発された。

満州事変起きる。

一九三六（昭和十一）年

この前後、警察の目を逃れて関西に住み、大阪大学法医学教室に雇われた。

このころ、草薙金四郎『川柳江戸軟派』の上梓を目論んだが失敗に終わった。

二・二六事件。

一九三七（昭和十二）年

青木文教『西蔵文化の研究』を刊行。

日中戦争開始。

一九四〇（昭和十五）年

大政翼賛会発足。

一九四一（昭和十六）年

太平洋戦争はじまる。

戦時中陸軍省情報局に出版免許の届けを出し、林髞『生理学概論』、井上哲次郎注釈『戦陣訓本義』を刊行、『戦陣訓本義』は三万部を超すベストセラーになった。

ただし、出版社統合のため大倉廣文堂の名義。

一九四五（昭和二十）年、

四月十四日、千葉県君津郡金田村中島高須（現・木更津市中島高須）に疎開した。

八月、日本の敗戦。カストリ雑誌が百花斉放となる。

戦後最初に出したのは後藤朝太郎の漢和辞典だった。

一九五〇（昭和二十五）年

『誹風末摘花』東京地裁で猥褻文書ではない、と無罪。

この年、朝鮮戦争勃発。警察予備隊設置。

一九五三（昭和二十八）年

八月、文京区大塚仲町三六―二〇（現・大塚四丁目三三―四）に有光書房を設立。

普通の民家の二階に事務所、社員三人。

尾崎久弥『江戸小咄本』岡田甫『新川柳末摘花』を刊行。

一九五五（昭和三十）年

岡田甫『川柳末摘花詳釈』を刊行。

一九五六（昭和三十一）年

このころ袖珍本竹馬文庫を刊行した。

この年二月六日、週刊新潮が創刊された。

岡田甫『川柳末摘花詳釈拾遺篇』『柳の葉末全釈』、湯浅眞沙子『歌集・秘帳』を刊行、これは三万部出た。

一九五七（昭和三十二）年

岡田甫校訂による安藤幻怪坊『川柳大山みやげ』補、『古川柳艶句選』。竹馬文庫として斎藤昌三『秘情聞覚帳』、正岡容『明治東京風俗語辞典』、並木明日雄『詩集　たまゆらの歌』、山路閑古『川柳随筆　きのうきょう』、離々庵『豆本　仲人の贈物』を刊行。

一九五八（昭和三十三）年

岡田甫『奇書』『川柳愛欲史』、富士崎放江『褻語』、山路閑古『末摘花並べ百員全釈』、前田雀郎『川柳探求』、青山繁『川柳明治文壇散歩』、榊原英吉編『明治太平楽府鈔』を刊行。

一九五九（昭和三十四）年

母袋未知庵『川柳見世物考』を刊行。

一九六〇（昭和三十五）年

林美一『艶本研究・国貞』を刊行。これらは仕掛絵を入れた特製本（和装・直送）と並製版（洋装・店頭販売）を発行した。

高橋鐵『図鑑結婚教室　人性トゥルー・ラブ図説』『本朝艶本艶画の分析鑑賞』、岡田甫『戯談』を刊行。

六〇年安保闘争。

一九六一（昭和三十六）年

ワ印五十点ほどの目録を配布して、警視庁に検束された。

林美一『かわらけお伝考』、坂本篤編『はだかの昌三』を刊行。

秋、『艶本研究・国貞』が京都九条署に摘発され、著者と共に二十三日間拘留された。

一九六二（昭和三十七）年

斎藤昌三『随筆六九』、高橋鐵『おとこごろし　女における妖魅の研究』、岡田甫校訂『艶句』、林美一『艶本研究・歌麿正続』『東海道艶本考』を刊行。
十二月二十五日、『艶本研究・国貞』によって、林美一と共に、猥褻図画販売などの容疑で京都地検により起訴された。翌年二月十六日までに読者二百七十七名が起訴された。

一九六三（昭和三十八）年

林美一『艶本研究・春章』『好色吾妻鑑・春色六玉川』、田中彦十郎『ずいひつ縁切寺』を刊行。

一九六四（昭和三十九）年

尾崎久弥編纂による歌川豊国『廓の明け暮』、坂田勝校訂　松浦静山『未刊甲子夜話』一～四を刊行。
林美一『艶本研究・国芳』『艶本研究・豊国』『艶本研究・春信』『艶本江戸文学史』、前田信二郎『文芸裁判の条理』を刊行。

一九六五（昭和四十）年

尾崎久弥『埒外記』、林美一『艶本研究・広重と歌麿』、岡田甫編『古川柳艶句選』、

花咲一男解説『心中恋のかたまり』、神保朋也『大鼻公絵巻　圓山応挙筆』全三巻を刊行。

日韓条約。

一九六六（昭和四十一）年

林美一『艶本研究・重政』『艶本研究・英泉』『風流玉の盃　大湯山人』『好色赤烏帽子・好色美人角力　桃林堂蝶麿』『珍版・稀版・瓦版』『豆右衛門後日女男色遊』、星野長一『江戸の人形』、住江金之『随筆　酒のさかな』、岡田甫『定本誹風末摘花』を刊行。

一九六七（昭和四十二）年

伊藤晴雨『江戸と東京風俗野史』、林美一『開談遊仙伝　落書庵景』『艶本研究・お栄と英泉』『江戸仕掛本考』『金勢霊夢伝』『開談遊仙伝・和国妖狐伝』を刊行。

一九六八（昭和四十三）年

尾崎久弥『珍書愚書』、尾崎久弥校訂・解説『男色山路露』、魚沢白骨『柳多留後期難句選釈』、林美一『艶本研究・北斎』『艶本研究・師宣』『魂胆色遊懐男　江島其磧』、亀山巌『秘画鬼の生と死』、大村沙華『川柳浄瑠璃志』、向井信夫『江戸東京実見画録』を刊行。

日本中の百十大学で、いわゆる「大学紛争」起きる。

一九六九（昭和四十四）年

林美一『珍版我楽多草紙』、磯部鎮雄『明治風俗末摘花』、ドゥニ・ディドロ　新庄嘉章訳『お喋りな宝石』を刊行。

一九七〇（昭和四十五）年

岡田甫校訂『全釈江戸三大奇書』、三面子『狂句集』、能勢克男『文芸わいせつ裁判』、星野長一『明治裸体写真帖』、亀山巌『偏奇館閨中写影』を刊行。

一九七一（昭和四十六）年

亀山巌『中野スクール』、安田剛三『画狂北斎』を刊行。

沖縄返還協定調印。

一九七二（昭和四十七）年

梶山季之主宰の雑誌「噂」に竹中労を聞き手として「口伝・艶本紳士録」を翌年まで連載し、のちに三一書房から『「国貞」裁判・始末』として出版された。

林美一『秘本を求めて』『江戸仕掛本考』、亀山巌『とちちりちん』、平井通『お

んなずもう　見世物女角力志』竹馬文庫を刊行。
この年、尾崎久弥没。
沖縄、いわゆる祖国復帰。
一九七三（昭和四十八）年
四月十二日『艶本研究・国貞』事件、最高裁第一小法廷、下田武三裁判長で上告棄却となって有罪確定。篤に罰金十万円、林に五万円。
岡田甫『絵入川柳京都めぐり』、林美一『あんばいよしのお伝』、斎藤昌三『三十六人の好色家』、浅川征一郎『色里町中はやり唄』を刊行。
一九七四（昭和四十九）年
岡田甫校訂『兼好今法師志道軒徒然夢物語夜講釈』、林美一『かみがた恋修行』、亀山巌『モンポルノス』、くるわのすみんど『お江戸謎づくし』、花咲一男『川柳雑俳岡場所図繪』、水木直箭『雨譚註川柳評万句合』を刊行。
一九七五（昭和五十）年
林美一解説『好色土用干』、亀山巌『神の貌または創世記私注』、佐藤要人解説『西村重長・鈴木春信　絵本江戸土産』を刊行。

一九七六（昭和五十一）年

林美一『艶本研究・清長と春潮』、水野稔『山東京伝の黄表紙』、綿谷雪『江戸座高点句集俳諧けい一枝筌詳釈』、宮武外骨『わいせつ廃語彙　わいせつ風俗史』、田幡丈夫『艶色浮世絵工芸美』を刊行。

一九七七（昭和五十二）年

尾崎久弥『珍本駄本』、佐藤要人『絵本水茶屋風俗考』を刊行。

このほかに発行年月日不明ながら喜多川周之・図　磯部鎮雄・編『俚俗江戸切絵図附図五〇葉揃』がある。

九月六日、大阪読売テレビのイレブンPMで藤本義一と歌麿の錦絵について対談。

十二月十七日、肺がんのため死去、享年七十六、篤誉浄光信士、二十四日午後二時から雑司ヶ谷崇祖堂（鬼子母神）で告別式、千葉県松戸市にある都立八柱霊園に納骨した。

組版中であった林美一『新・国貞』は中止となり、林が印刷費を支払って紙型にとった。『為永春水の研究』は太平書屋が引き継いだ。

あとがき

あとがき――と、書きはじめてはみたけれど、さて私はなにを書こうとしていたのであったか。きのう夜中の寝床で思いついたことがあって、いつもは枕もとにあるメモ用紙に書き留めておくのだけれど、昨夜はそれが置いてなかったのだから、どうにも締まらない話である。

そう言えば、二、三日前に裏の藪でうぐいすが鳴いていたと思い出して、ガラス窓の外を見たら、おあつらえ向きに春の陽がさしていた。ベランダへ出てみると、まごうかたなき春はまさにそこにあって、ほんのりとした気に眠気を誘われる心地である。タイだかフィリピン製だか知らないけれど、長女が捨てていった折りたたみの椅子を出して、それへ座った。

ベランダからすぐ下の、アパートにしては広い庭に、いぬふぐりや名前も知らない草に青い花が咲いていた。わが家から一軒おいて東の部屋の辺りには、大きな梅の木が二本、満開の花をつけていて、どうも、この辺り一帯に満ちている馥郁とした香りは、そこからくるものと思われた。梅の木の向こうには、樟の木の黒々とした濃い緑の葉が繁って、梅の花にのしかかるばかりである。

陽を浴びてじっとしていたら、うっとりといい心地になってきて、たぶん私はとろんとした眼になっていたのだろうと思う。そのうち、さきほどからの良い匂いを発しているものが、梅の花ではなくて、抜けるように白いうなじを見せて、向う向きに立っている若い女性であるということが判ってきた。匂いというよりも薫りと表現すべきなのだろうけれど、それは香水や化粧品のあざといものなどではなく、まぎれもなく彼女の肌から発するものであると、信ずべきなにものかがあった。それに気づいた刹那、黒く長い髪をまとめて上げていたのが、ばさっとこちらへ倒れてきて、私の視線を奪いつくした。私は、されるがままにじっとしていようと思ったけれど、いつしか右手が勝手に動いたようで、得も言われぬ薫りの髪をもてあそびながら、髪がつくる薄闇の中に顔を埋めているのであった。

どのくらいの時が過ぎたのか、自分では判らなかったけれど、陽は中天よりもやや西に傾いていて、気だるいような春の気がそこいらに満ちていた。ふと気づくと、さきほどの女性の姿はなくて、梅の花の白さがまぶしいばかりである。そう言えば、その女性がちらっと一瞬だけこっちへ顔を向けたとき、国貞の絵の中の女のような、切れの長い眼で私をにらんだと思ったのだけれど、どうなのだろう、よくは判らない。

もとより、江戸軟文学というものには、まったくの無知であったから、末摘花にも浮世絵についてもなんの知識もなく、皓星社から勧められて本書を書きはじめた日から、未知のことに眼を開かれる思いばかりを強くした。こうして、曲がりなりにも一つの評伝めいたものを書きあげることができたのは、むろん、スタッフにそろえていただいた資料の力にあずかるところが多い。それとも、艶本や浮世絵に漂う妖気が、私を夢の中へ連れていったのであっただろうか。

だから、書き上げるまでの日々に、犬を連れて散歩しているところをお目にかかった女性や、長い黒髪を風になぶらせて、一度すれ違ってそれきりの、すらっとした背の女性も、そうした、なにかの化身だったのだと思っておくことにしたい。

二〇一六年春のはじめ　花小金井の禁客寺で

備　仲　臣　道

備仲臣道（びんなか　しげみち）

1941 年、朝鮮忠清南道大田に在朝日本人 2 世として生まれる。
1945 年、日本の敗戦により帰国、尾道を経て山梨へ。
1959 年、山梨県立甲府第一高等学校を卒業。山梨時事新聞に入社して記者となる。同労働組合書記長。
1969 年、同紙の廃刊に伴い失職、2 年の空白ののち、いろんな雑業に従事。
1976 年から 18 年間、美術団体「貘の会」事務局長。
1982 年、月刊新山梨を創刊、編集発行人となる。
1993 年、同誌を 134 号まで発行して、資金難のため休刊。
1998 年 4 月号から 2006 年 10 月号までの 8 年間、財団法人高麗美術館（京都）の館報（季刊）に高麗・李朝美術に関するエッセーを連載。

著書

『蘇る朝鮮文化』（1993 年、明石書店）、『輝いて生きた人々』（1996 年、山梨ふるさと文庫）、『高句麗残照』（2002 年、批評社）、『Let it be』（2006 年、皓星社）、『美は乱調にあり、生は無頼にあり　幻の画家竹中英太郎の生涯』（2007 年、批評社）、『司馬遼太郎と朝鮮』（2008 年、批評社）、『坂本龍馬と朝鮮』（2010 年、かもがわ出版）、共著に『攘夷と皇国』（2009 年、批評社、礫川全次氏と）、『甲府中学・甲府一高 100 年誌』（同窓会）、三部作「内田百閒　我楽多箱」（2012 年）、「内田百閒　文学散歩」（2013 年）、「内田百閒　百鬼園伝説」（2015 年、皓星社）がある。この間、2002 年には、「メロンとお好み焼き」（随筆）で、第 6 回岡山・吉備の国内田百閒文学賞優秀賞を受賞。

紙碑一本の周辺　坂本篤　艶本狂詩曲《ラプソディー》

2016年6月15日　初版発行
定価　1400円＋税

著　者　備仲臣道
発行所　株式会社　皓星社
発行者　藤巻修一
〒101-0051 東京都千代田区神田神保町3-10 宝栄ビル6階
電話：03-6272-9330　FAX：03-6272-9921
URL http://www.libro-koseisha.co.jp/
E-mail：info@libro-koseisha.co.jp
郵便振替　00130-6-24639

装幀　山崎登
印刷・製本　精文堂印刷株式会社

ISBN978-4-7744-0614-5